O coordenador pedagógico e a formação centrada na escola

O coordenador pedagógico e a formação centrada na escola

Laurinda Ramalho de Almeida
Vera Maria Nigro de Souza Placco
ORGANIZADORAS

Beatriz Gouveia
Cleide do Amaral Terzi
Cristiane Groppo
Ecleide Cunico Furlanetto
Eliane Bambini Gorgueira Bruno
Laurinda Ramalho de Almeida
Lilian Pessôa
Luiza Helena da Silva Christov
Maria do Céu Roldão
Moacyr da Silva
Mônica Matie Fujikawa
Priscila de Giovani
Silvana Ap. Santana Tamassia
Vera Lucia Trevisan de Souza
Vera Maria Nigro de Souza Placco

Edições Loyola

Dados Internacionais de Catalogação na Publicação (CIP)
(Câmara Brasileira do Livro, SP, Brasil)

O coordenador pedagógico e a formação centrada na escola / Laurinda Ramalho de Almeida, Vera Maria Nigro de Souza Placco, organizadoras. -- São Paulo : Edições Loyola, 2013.

Vários autores.
Bibliografia.
ISBN 978-85-15-04066-7

1. Coordenadores educacionais 2. Educação - Finalidades e objetivos 3. Pedagogia 4. Professores - Formação I. Almeida, Laurinda Ramalho de. II. Placco, Vera Maria Nigro de Souza.

13-10081   CDD-370.71

Índices para catálogo sistemático:
1. Coordenação pedagógica : Educação   370.71
2. Coordenadores pedagógicos : Educação   370.71

Conselho Editorial:
Abigail Alvarenga Mahoney
Emilia Freitas de Lima
Idméa Semeghini Próspero Machado de Siqueira
Laurinda Ramalho de Almeida
Melania Moroz
Vera Maria Nigro de Souza Placco

Preparação: Maurício Balthazar Leal
Capa: Maria Clara R. Oliveira
Diagramação: So Wai Tam
Revisão: Renato da Rocha

Edições Loyola Jesuítas
Rua 1822, 341 – Ipiranga
04216-000 São Paulo, SP
T 55 11 3385 8500/8501 • 2063 4275
editorial@loyola.com.br
vendas@loyola.com.br
www.loyola.com.br

Todos os direitos reservados. Nenhuma parte desta obra pode ser reproduzida ou transmitida por qualquer forma e/ou quaisquer meios (eletrônico ou mecânico, incluindo fotocópia e gravação) ou arquivada em qualquer sistema ou banco de dados sem permissão escrita da Editora.

ISBN 978-85-15-04066-7

© EDIÇÕES LOYOLA, São Paulo, Brasil, 2013

102077

Sumário

Apresentação.. 7

Formação centrada na escola: das intenções às ações................ 9
Laurinda Ramalho de Almeida

Entraves da formação centrada na escola: possibilidades
de superação pela parceria da gestão na formação..................... 25
Vera Lucia Trevisan de Souza
Vera Maria Nigro de Souza Placco

A escola como lócus privilegiado de formação:
revisitando o Ginásio Vocacional.. 45
Moacyr da Silva

A recuperação da história de vida da instituição:
um projeto de formação... 59
Ecleide Cunico Furlanetto

A formação permanente, o papel do coordenador pedagógico
e a rede colaborativa.. 69
Beatriz Gouveia
Vera Maria Nigro de Souza Placco

O coordenador pedagógico como gestor do currículo escolar...... 81
Eliane Bambini Gorgueira Bruno
Luiza Helena da Silva Christov

Passagem de professor a professor coordenador:
o choque com a realidade... 93
Cristiane Groppo
Laurinda Ramalho de Almeida

Estratégias viabilizadoras da "boa formação" na escola:
do acaso à intencionalidade.. 109
Lilian Pessôa
Maria do Céu Roldão

Como reverter planejamentos de trabalho de coordenadores em oportunidades formadoras? 129
Cleide do Amaral Terzi
Mônica Matie Fujikawa

A observação de aulas como estratégia na formação continuada de professores 147
Priscila de Giovani
Silvana Ap. Santana Tamassia

Apresentação

Nosso convívio com coordenadores pedagógicos de diferentes segmentos de ensino e de diferentes instituições provocou-nos a discutir, neste nono volume de nossa pequena coleção, uma questão que vem sendo recorrente nas discussões sobre formação de professores: a formação centrada na escola.

Em função de dados de literatura pedagógica, de pesquisa e da experiência dos autores, propusemo-nos focalizar três eixos.

Um primeiro eixo trata do conceito de formação centrada na escola, com exemplos vividos por nós. Esses exemplos concretizam a possibilidade de realização desse tipo de formação e indica diferentes facetas do processo formativo, analisando recursos, entraves e superações.

O segundo eixo trata da escola como lócus de formação, em termos de suas relações com o sistema e com o entorno, como espaço de constituição do coletivo e das identidades profissionais, a partir da história da instituição.

O terceiro eixo procura apresentar algumas estratégias formativas, gestadas a partir da experiência dos autores, no cotidiano escolar e em processos de assessoria e pesquisas. Conceitos como *rede colaborativa, gestão do currículo, o choque com a realidade, planejamento e observação* são aqui focalizados.

Tratar dessas questões parece-nos uma possibilidade de atender a demandas dos coordenadores pedagógicos e demais gestores, que, aceitando a responsabilidade da formação, procuram interlocução dentro e fora da escola, para melhoria de suas práticas.

São Paulo, agosto de 2013
LAURINDA RAMALHO DE ALMEIDA
VERA MARIA NIGRO DE SOUZA PLACCO

Formação centrada na escola: das intenções às ações

Laurinda Ramalho de Almeida[1]
laurinda@pucsp.br

Introdução

"O senhor me escute, me escute mais do que eu estou dizendo; e escute desarmado."
(Guimarães ROSA, 1985, p. 102).

A questão da formação de professores é tema recorrente na literatura nacional e internacional. Tenho participado dessa discussão em diferentes cenários. Sem desmerecer o valor da literatura existente, minha experiência de 31 anos atuando na rede estadual de ensino paulista em vários cargos e funções valeu-me alguns *insights* sobre como e por que a formação de professores, mesmo quando há investimentos do Estado e apresentação de projetos, alguns bem fundamentados teoricamente, resulta em pouco ou nenhum efeito na qualidade do processo ensino-aprendizagem. Uma experiência que vivenciei foi particularmente significativa para fazer-me entender esse processo. Trata-se do "Projeto reestruturação técnico-administrativa e pedagógica do ensino de 1º e 2º graus na rede estadual no período noturno", que ficou conhecido na rede como Projeto Noturno.

---
1. Professora doutora do Programa de Estudos Pós-Graduados em Educação: Psicologia da Educação e vice-coordenadora do Programa de Mestrado Profissional em Educação: Formação de Formadores, ambos da PUC-SP.

Em artigo anterior (ALMEIDA 2012), mapeei e analisei a trajetória da coordenação pedagógica na rede estadual paulista, de 1960 a 2010. Identifiquei que no período de 1976 a 1996 floresceram no estado de São Paulo os chamados "projetos especiais" para atender a um grupo de escolas, em função de metas estabelecidas por diferentes gestores da Secretaria Estadual de Educação. Um desses projetos, executado em 1984 e 1985, foi o Projeto Noturno.

Propus-me discuti-lo neste capítulo porque entendo que foi um projeto representativo do que é denominado hoje "formação centrada na escola", embora tal terminologia não se empregasse na época na literatura brasileira; também porque o Projeto Noturno foi, no ensino fundamental e médio da rede pública do estado de São Paulo, uma das medidas mais coerentes, de maior valorização do saber do professor, de maior envolvimento da escola na tentativa de melhorar a qualidade do ensino noturno.

Há ainda razões de ordem afetiva para retomá-lo: participei, na qualidade de integrante de um dos órgãos centrais da Secretaria de Educação, da elaboração de propostas para a melhoria do ensino noturno; tomei o Projeto Noturno como objeto de estudo em minha tese de doutorado e, ao fazê-lo, fui fortemente afetada pelo empenho dos profissionais que o executaram e pelo entusiasmo dos alunos durante sua execução.

A experiência vivida no Projeto Noturno ofereceu-me pistas para entender alguns aspectos da eficácia/ineficácia de processos de formação de professores, bem como do gostar/desgostar da escola, tanto por alunos como por professores.

Para dar organicidade ao texto, começo por situar o que entendo por formação centrada na escola para em seguida argumentar por que julgo ser o Projeto Noturno um bom exemplo de formação centrada da escola.

Formação centrada na escola

"[...] a escola é habitualmente pensada como o sítio onde os alunos aprendem e os professores ensinam. Trata-se, contudo, de uma ideia

simplista, não apenas os professores aprendem, como aprendem, aliás, aquilo que é verdadeiramente essencial: aprendem a sua profissão."
(Rui CANÁRIO, 1998a, p. 9).

"Formação centrada na escola" foi uma ideia que apareceu na década de 1970 na OCDE (Organização para a Cooperação e o Desenvolvimento Econômicos) para responder aos questionamentos que eram feitos sobre a ineficácia da formação. Canário (1998b) defende a "formação centrada na escola" como possibilidade de valorizar o contexto de trabalho do professor como formativo, levando em conta a dimensão coletiva da aprendizagem.

Não se trata, contudo, de "formação sentada na escola", isto é, não significa que os professores devem ser formados sem sair dos estreitos limites de sua escola. A formação pode ser feita por várias modalidades, porém "centrada na escola", isto é, centrada no contexto organizacional onde estão os professores.

É uma ideia que parte da convicção de que não há uma relação direta e linear entre o processo de formação e o exercício profissional, e que o eixo estrutural da eficácia do profissional é o seu contexto de trabalho. Parte ainda da aceitação de que as situações profissionais vividas pelos professores ocorrem num "jogo coletivo":

> As situações profissionais vividas pelos professores ocorrem no quadro de sistemas colectivos de acção (organizações escolares) cujas regras são, ao mesmo tempo, produzidas e aprendidas pelos actores sociais em presença. Estamos, portanto, em presença de um "jogo colectivo", susceptível de múltiplas e contingentes configurações, em função da singularidade dos contextos. É na medida em que a produção de práticas profissionais, realizada em contexto, é atravessada não apenas por factores individuais (dimensão biográfica), mas também por factores organizacionais que as práticas profissionais devem ser compreendidas não apenas em termos de efeitos de disposição, mas também em termos de efeitos de situação (os mesmos professores agem de forma diferente em tempos e contextos diferentes) (CANÁRIO 2010, p. 169).

Esse "jogo coletivo" implica considerar a ação de cada professor interdependente com a de outros profissionais da escola. Os processos formativos que focalizam só o professor sem levar em conta o contexto (a escola) no qual atua estão fadados, via de regra, ao insucesso. É no contexto do trabalho do professor que se deve investir, instituindo uma dinâmica formativa visando à escola como um todo. É quando os processos formativos são pensados como processos de intervenção nas organizações escolares que podemos falar em "formação centrada na escola".

Parte ainda de um princípio que foi claramente explicitado por Azanha:

> Cada escola tem características pedagógicas-sociais irredutíveis quando se trata de buscar soluções para os problemas que vive. A realidade de cada escola, não buscada por meio de inúteis e pretensiosas tentativas de "diagnóstico", mas como é sentida e vivenciada por alunos, pais e professores, é o único ponto de partida para um real e adequado esforço de melhoria (AZANHA 1983, p. 5).

Cada escola é uma realidade singular, e é nela que os professores "aprendem a sua profissão"; quando as situações de formação não levam em conta as "características pedagógicas sociais" da escola na qual o professor está inserido, pode-se atribuir a ele determinadas tarefas (definidas pela legislação, pelo sistema escolar etc.), porém apropriar-se delas vai depender do sentido que ele, professor, constitui sobre as tarefas: esse sentido, via de regra, é constituído em função da vivência de sua escola, sua classe, seu trabalho e do acreditar que conhece mais esse contexto do que os executores das propostas.

Quando os processos formativos levam em consideração que cada escola tem uma história, uma cultura, uma identidade própria e que os profissionais que nela habitam também são sujeitos que trazem uma bagagem acumulada nos diferentes meios pelos quais passaram, têm maior possibilidade de sucesso. Tanto mais se considerarem que as intervenções devem envolver toda a instituição escolar, e não apenas professores desta ou daquela disciplina.

O Projeto Noturno[2]

"O que eu vi, sempre, é que toda ação principia mesmo é por uma palavra pensada. Palavra pegante, dada ou guardada, que vai rompendo rumo."
(Guimarães ROSA, 1985, p. 166).

O Projeto Noturno foi executado por 152 escolas, nos anos de 1984 e 1985, na rede pública estadual de São Paulo. Sua principal característica foi o fato de as próprias escolas terem elaborado suas propostas de melhoria (o seu Projeto Noturno), a partir de sua problemática específica, solicitando dos órgãos centrais da Secretaria de Estado da Educação o que consideravam necessário para viabilizá-las. Concretamente, as escolas foram atendidas em seu pedido de um professor da própria escola para coordenar o Projeto (escolhido pelos colegas) e de duas horas semanais remuneradas para reuniões. Apesar do curto período de tempo de sua execução (dois anos), em função da proposta feita, a maioria das escolas apresentou como pontos positivos: diminuição do índice de evasão; melhor relacionamento professor-aluno; mudança nas técnicas de ensino, propiciando dinamização das aulas; concentração de esforços dos professores e melhor rendimento dos alunos (GATTI 1985; ZIBAS 1991).

Em 1986 realizei uma pesquisa em seis escolas que conseguiram sucesso no desenvolvimento de seu Projeto Noturno, nas quais entrevistei diretores, coordenadores, professores e alunos. Os depoimentos revelaram que os resultados obtidos foram decorrentes do fato de terem definido, com objetividade, o que pretendiam atingir e de terem dado a primeira palavra na direção da transformação desejada. Ou seja, do fato terem elaborado o projeto pedagógico de suas escolas, mesmo sem muita clareza desse processo coletivo, e lutado por sua implementação e sua execução. E o chão e o suporte de suas ações foram as relações interpessoais.

---

2. Em L. R. ALMEIDA, *O ensino noturno*: memórias de uma experiência, São Paulo, Loyola, 2010, o Projeto Noturno é apresentado com detalhes. Alguns trechos deste tópico foram retirados do livro.

O grande mérito do Projeto Noturno foi ter abrangido toda a escala das relações — ele conseguiu percorrer, ainda que com imperfeição, o caminho de ida e volta: as autoridades superiores mudaram suas relações com a escola; os diretores, com os professores, funcionários e alunos; os professores, com seus pares e com os alunos e, em contrapartida, alunos, professores e diretores tentaram resolver os problemas do noturno —, que era o que a administração[3] da Secretaria Estadual de Educação pretendia.

Então, qual foi a grande novidade que o Projeto Noturno trouxe? Foi a mudança no fluxo de tomada de decisões: as decisões não foram tomadas nos órgãos centrais para ser executadas pelas escolas; antes, respeitou-se a autonomia das escolas para pensar seus problemas e propor suas soluções. Os órgãos centrais da Secretaria Estadual de Educação aceitaram que é a realidade sentida e vivida na escola pelos gestores, professores, funcionários, alunos e pais o ponto de partida para um esforço de melhoria.

Berger e Lukmann (1985, p. 92-93) argumentam que a "integração interna" de uma instituição social só pode ser entendida em termos do conhecimento que seus membros têm dela. É um "conhecimento primário" que se refere às rotinas, aos saberes, às crenças e aos valores que definem os papéis a desempenhar e que constituem a dinâmica motivadora da conduta na instituição.

Ao delegar às escolas a elaboração de suas propostas de melhoria, a Secretaria de Educação estava, ao mesmo tempo, dando-lhes um estatuto de valor e lhes oferecendo a possibilidade de entenderem e desenvolverem sua "integração interna".

A valorização dada às escolas levou-as a estabelecer um diagnóstico não só de suas necessidades, mas também de seus recursos. Exemplificando: duas das seis escolas estudadas fundamentaram suas propostas em experiências que alguns membros da equipe haviam vivenciado.

---

3. Neste texto, emprego *administração* para referir-me aos dirigentes dos órgãos centrais da Secretaria Estadual de Educação; Secretaria Estadual de Educação será identificada como SE.

Numa delas, escola da Grande São Paulo, a professora escolhida pelos pares para ser a coordenadora do Projeto Noturno trabalhara no Ginásio Vocacional nos anos 1960. Lá, vivenciara uma construção coletiva de escola, com um projeto claro de inclusão social; vivenciara uma proposta inovadora de relação escola-comunidade, cujo eixo era o estudo do meio; vivenciara também o trabalho em grupo, técnica fortemente valorizada. Ao assumir a coordenação do Projeto Noturno, propôs à equipe muito do que aprendera no Vocacional, a começar pela mudança de postura do grupo de professores:

> O nosso projeto estava calcado em uma mudança de postura. Ela não ocorreu por acaso, estava prevista. Tudo o que se fez foi para que ela ocorresse. Ocorreu em função da própria proposta; passamos a fazer reuniões pedagógicas, eram propostas mudanças de técnicas... Por exemplo, trabalho em grupo que se introduziu mais amiúde no noturno... (C)[4].

Esta coordenadora programou com os professores reuniões de formação para que todos pudessem atingir os objetivos propostos por eles próprios. Conhecedora de técnicas de estudo empregadas no Vocacional, produziu material para que os professores trabalhassem com os alunos estudo dirigido, estudo supervisionado, estudo livre. Também eram trabalhadas técnicas de dinâmica de grupo, primeiro com os professores, depois com os alunos.

Em outra escola, do interior, o diretor havia participado, anos antes, de uma semana de estudos em outra escola, e lá observara a "hora de permanência" oferecida aos alunos. Na ocasião do curso, como professor, ao voltar à escola, não teve condições de implementar a ideia. Anos mais tarde, como diretor da escola, desejoso de melhorar a qualidade da educação do noturno de "sua escola", propôs a ideia aos professores e, com as devidas adaptações, esta foi uma das ideias-mestras do Projeto. A "hora da permanência caipira", como o diretor chamava jocosa e carinhosamente a ideia,

---

4. Para efeito da identificação das falas: C para coordenador pedagógico, D para diretor, P para professor e A para aluno.

partiu do conhecimento que os professores tinham (e aprofundaram para montar o Projeto) das necessidades, das expectativas, dos sonhos de seus alunos. Eram trabalhadores-alunos, muitos deles trabalhando como cortadores de cana (a escola ficava numa região canavieira), que chegavam frequentemente atrasados à primeira aula porque precisavam chegar em casa para se trocar e, poucas vezes, fazer um lanche. Não tinham tempo para se organizar para a nova jornada que se impunha: a jornada escolar. A "hora da permanência" era o seguinte: os professores da primeira aula (fosse de Língua Portuguesa, Matemática, História etc.) atuavam como monitores: recebiam os alunos que iam chegando, ajudando-os a se organizar para as aulas que teriam em seguida, facilitando a troca com os colegas, o entendimento da tarefa a concluir, dando técnicas de estudo.

Para a atuação na monitoria, diretor e coordenadora faziam reuniões de formação; os professores tomavam conhecimento do que seus pares estavam tratando com os alunos, quais tópicos consideravam os mais importantes e como eram abordadas as dificuldades dos alunos.

Para a equipe escolar era a "hora da permanência" ou "hora do estudo", mas a emoção com que os alunos falaram de quanto sua relação com a escola ficou mais prazerosa, de como chegavam mais tranquilos à escola sabendo que podiam "se arrumar" para a nova jornada, evidenciava que para eles aquela era a "hora do acolhimento"; sentiam-se acolhidos, valorizados, com colegas e professores mais próximos.

A dimensão do cuidar estava presente nas ações da equipe escolar para com os alunos, e entre os integrantes da equipe, nesta e nas demais escolas pesquisadas — cuidar que envolvia o sentir com o outro, estar atento ao bem-estar do outro, ajudá-lo a crescer, a se desenvolver.

Era também o cuidar do desenvolvimento do projeto elaborado na e pela escola, em função do conhecimento de sua realidade, de suas necessidades e seus recursos. A elaboração coletiva do projeto — resultado do acreditar que era possível transformar a escola e, transformando-a, provocar mudanças nos alunos — implicava, em primeiro lugar, mudanças no professor: "O que houve mesmo foi mudança de postura, que resultou em o professor trabalhar dez vezes mais do que estava acostumado a trabalhar. O professor se sentiu responsável — decidimos entrar no Projeto, o professor se responsabilizou pela posição assumida" (D).

Com a decisão de "entrar no Projeto" e disponibilidade para uma "mudança de postura", aproveitando os recursos disponíveis, cada escola apresentou "uma cara diferente". Diziam os diretores: "agora a cara da escola é outra", e a nova fisionomia era percebida não só pela equipe escolar e pelos alunos, mas também pela comunidade.

Numa das escolas da capital, a diretora e a coordenadora do Projeto, observando que a última aula era pouco aproveitada pelos alunos que chegavam ao final do período cansados depois de uma jornada pesada de trabalho e de outras aulas, elaboraram, em parceria com os professores, dois horários: numa semana funcionava o horário A, noutra o horário B. Dessa forma garantiu-se o rodízio das disciplinas na última aula, e o aproveitamento total do tempo na escola.

Outras escolas elaboraram horários com aulas duplas, de sorte que, com maior tempo, os professores podiam preparar atividades diversificadas, trabalhos em grupo, discussões. Para dar conta dessas modalidades de trabalho (antes desconhecidas) e garantir envolvimento dos alunos, muitas reuniões de formação, dirigidas pela coordenadora e pela diretora, foram realizadas. Estudou-se muito: "[...] nós estudávamos até Filosofia da Educação, Filosofia Política, Antropologia, nós mergulhávamos em várias experiências pedagógicas, tipo Summerhill; estudávamos, descobrimos textos, discutimos. Então, nós partimos para outra forma de trabalho com os alunos" (C).

Três das seis escolas estudadas substituíram o livro didático por textos elaborados pelos professores. Esses textos eram preparados, quase sempre, num pequeno coletivo (dois a três professores), com a preocupação de integrar conteúdos.

Uma das escolas do interior trabalhou com temas geradores como proposta de integração por objetivos. Cada unidade (o estudo de um tema) culminava com uma "noite cultural". Professores e diretor falaram com entusiasmo da "noite do chorinho", quando os "talentos da comunidade" — tocadores de violão e cavaquinho — foram convidados para se apresentar na escola. Pais e comunidade prestigiavam os eventos culturais e esportivos promovidos. Essas novas formas de atividade foram discutidas e programadas nas reuniões pedagógicas e criavam vínculos fortes entre direção, coordenação e professores, entre os professores, entre os professores e os alunos. Era um novo jeito de ser e estar na escola, que fortalecia as relações interpessoais e mobilizava para novos empreendimentos, rompendo com o marasmo entediante que vigorava antes do Projeto. Para o professor era um novo jeito de ser profissional, que mostrava a possibilidade de inovar e ter sucesso. "É só deixar que o pessoal sente, elabore e faça", dizia uma coordenadora.

Na medida em que a escola e os professores tiveram liberdade de escolha, deixando de ser meros executores de ordens vindas dos órgãos centrais, assumiram a responsabilidade ética pelo desenvolvimento do Projeto. A responsabilidade veio junto com a autonomia da gestão do pedagógico. Azanha (1995) argumenta que a autonomia da escola só ganha importância quando significa autonomia em relação à tarefa educativa — e foi isto que aconteceu nas escolas que elaboraram o seu Projeto Noturno. De uma intenção firme de transformar a realidade sombria do ensino noturno, e com a representação clara do que poderiam atingir partindo de suas possibilidades, recursos e limitações, os professores propuseram mudanças neles próprios, entendendo que a mobilização para o novo tinha de começar por eles. A partir da bagagem sociocultural que os professores traziam, propuseram para si mesmos servir de modelo aos alunos, exercitar valores de tolerância, aceitação do outro com suas singularidades, partilha de experiências e conhecimentos.

Evidentemente, as escolas não conseguiram se organizar nas formas descritas e atingir resultados satisfatórios num passe de mágica: a administração (órgãos centrais da Secretaria da Educação) deu-lhes as condições para o fortalecimento do grupo de cada escola, para que ele tomasse suas decisões em função de suas necessidades: oportunidade de participar, liberdade de comunicação, clima livre de ameaças, possibilidade de ser autor e não mero executor de uma proposta. No entanto, a administração falhou em uma promessa: investir em processos formativos, com técnicos especialistas de órgãos centrais nas escolas, e estas se ressentiram da falta de apoio: "[...] apoio em todos os momentos: apoio de infraestrutura, sabe, e nos aspectos pedagógicos. Não sei quais órgãos deveriam dar esse apoio, mas deveriam. A escola deveria ter chance de tentar experiências novas. Deixem a escola pensar. Deem autonomia, mas deem apoio também" (C).

Mesmo com a falta dos apoios solicitados, as escolas se desdobraram para atingir os objetivos propostos e conseguiram construir uma identidade de sucesso para o diretor, o coordenador, o professor, a escola noturna. E o fizeram porque estavam lutando por uma proposta de sua autoria e queriam zelar por ela.

Diretores, coordenadores e professores expressaram o que significou para eles a participação no Projeto:

> Significado do Projeto Noturno? [...] Acho que ele contribuiu para meu engrandecimento, como diretor e como pessoa. Concordei com a supervisora porque, sendo administradora da escola e a escola sofrendo uma queda brutal de conceito, como estava, era imperativo que eu tentasse uma mudança. Conseguimos. Os professores passaram a ser mais respeitados [...] (D).
> Os professores desta escola [...] conhecem o aluno do noturno [...] conhecem os pontos fracos e sabem como trabalhar com esse aluno e o que ministrar a ele como conteúdo específico; sabem prever as necessidades de conteúdo que esse aluno vai ter dentro de uma perspectiva que nós, pelo menos a curto prazo, conseguimos traçar... Isso sem empobrecer esse conteúdo. Posso dizer que o noturno, dentro do Projeto, teve um nível de conteúdo programático, um nível de qualidade superior a muitas escolas particulares que eu conheço (C).
> Foi gratificante ter participado do Projeto Noturno. Porque eu mudei uma série de concepções que tinha, conseguindo um diálogo mais profundo com os alunos. Senti uma progressão dos alunos, seu aproveitamento e, principalmente, sua integração e formação não só dentro da escola, mas na própria comunidade (P).

O trabalho aumentou — e era feito porque todos percebiam que tinham prestígio e queriam mostrar sua competência:

[...] Também o volume de trabalho pedagógico foi muito grande — havia um interesse enorme; os professores queriam provar para eles mesmos que [...] tinham competência. Em decorrência disso tudo, a redução de faltas ocorreu — e quanto menor o número de faltas melhor a escola funciona (D).
[...] nós registrávamos, e o resultado não estava satisfatório. Vamos, então, rever, e a avaliação, que diria até sistemática, era uma retomada, a escolha de uma outra alternativa. "Está certo? Está dando certo? Senão vamos mudar". Foi significativo porque foi um momento que nos permitiu viver a avaliação intensamente, não só a avaliação do aluno, mas a nossa. Foi significativo por tudo isso e pelo resultado (D).

Voltamos à epígrafe deste tópico: as ações desenvolvidas no Projeto Noturno começaram por palavras pensadas sobre o que os diretores, coordenadores, professores desejavam fazer para mudar a face sombria do ensino noturno de suas escolas. Palavras pensadas que geraram intencionalidade.

Aproveitando a oportunidade para criar suas próprias propostas de melhoria, cada um tirou de sua "bagagem de viajante"[5] algo a oferecer e compartilhar com o outro. Partilha de guardados, de experiências exitosas, de ideias não realizadas, de esperanças e desesperanças. Surgiu daí um projeto — um vir-a-ser.

A coordenadora que trabalhara no Vocacional, o diretor que anos antes fizera um curso, a professora que conhecia a importância de trazer a família para a escola pela via da cultura da comunidade: palavras guardadas, pegantes porque lhes fizeram sentido. Foram germe para uma palavra mais forte, palavra de ordem que foi rompendo rumo, porque transformada num projeto. Com a bagagem de cada participante, enriquecida pela experiência e pelo conhecimento

---

5. *A bagagem do viajante* (São Paulo, Companhia das Letras, 1996) é um livro de José SARAMAGO, de quem emprestei a expressão (um conjunto de crônicas que registram momentos vividos pelo autor).

do outro, o Projeto Noturno constituiu-se num conjunto articulado de ações tendo como intencionalidade um ensino melhor para o aluno. E foi uma construção coletiva.

Finalizando

> "Narrei ao senhor. No que narrei, o senhor talvez ache mais do que eu, a minha verdade."
> (Guimarães ROSA, 1985, p. 561).

Comecei este texto lembrando que a formação de professores, tema recorrente na literatura nacional e internacional, continua enfrentando questionamentos, buscando e apresentando soluções.

Sem subestimar o valor do conhecimento teórico, parti de uma experiência vivida na rede pública que me afetou, porque me permitiu ver que a escola pode ter uma rotina de sucesso, e que se pode estar nela de uma maneira diferente, com envolvimento, gosto, aprendizagem. Narrei uma intervenção educacional que focalizou a escola como um todo, respeitando sua singularidade, valorizando seus profissionais e seus alunos, uma intervenção que se poderia chamar hoje de formação centrada na escola.

O que essa experiência evidenciou:

1. A partir do momento em que diretores, coordenadores e professores foram valorizados pela administração, sem críticas pelo insucesso do ensino noturno em suas escolas, passaram a confiar em si e nos outros, e as reuniões pedagógicas (predominantemente formativas) passaram a adquirir sentido, a ponto de uma professora expressar: "a coisa mais gostosa do Projeto: as reuniões pedagógicas que animavam a gente; aprendi muito com elas".

2. Num ambiente livre de ameaças e críticas, assumiram o risco de tomar decisões em face da administração, dos pais e dos alunos, o que não foi fácil no início, "porque o Projeto exigia uma mudança de postura da parte do professor e toda mudança gera insegurança, medo, e as pessoas acabam ficando agressivas também" (P).

3. Buriladas as relações interprofissionais, aparadas as arestas, o que não significou que posições pessoais ficassem soterradas, puderam expressar seus conhecimentos e desconhecimentos; construíram um ambiente para expressar sua "gentitude", no dizer de Paulo Freire (1992, p. 64); para Freire, quanto mais o relacionamento se afina e abre espaço para que todos sejam gente e se gostem como gente, mais fácil fica tudo se articular e se expandir.

4. A articulação levou-os a aceitar que era tarefa sua levar o aluno a gostar da escola, fazendo dela um lugar de "como aprender", "como estudar", "como se relacionar", tanto para os alunos como para eles próprios; levou-os a valorizar a escola como o espaço onde se desenvolve o gosto pelo ato intelectual do saber; levou-os a perceber que o professor ocupa um papel determinante na relação do aluno com o conhecimento, e passaram a preocupar-se com as relações professor-aluno.

5. O cuidado com as relações interpessoais ocorreu paralelamente ao aprimoramento de outros fazeres do professor, e isso também foi planejado e discutido nas reuniões pedagógicas: "porque foi um dos objetivos do Projeto fazer o aluno ver o professor [...] como alguém com quem podia contar" (P).

6. Os professores passaram a preocupar-se em apresentar um "conteúdo significativo" para os alunos: partiam do que o aluno já sabia, em função dos diferentes meios nos quais convivia e já convivera, planejavam bem suas aulas, usavam de procedimentos mais adequados para interessar aos alunos, ficavam mais próximos deles. A importância de contar com o professor, numa relação de confiança, foi sintetizada por um aluno: "O que mais gostei do Projeto? O professor chegou até a quarta carteira". A quarta carteira era a sua. O mais gostoso foi ter a proximidade do professor, um professor que "passeava" entre as carteiras, parava para olhar as tarefas e diminuir dúvidas, olhava-os com respeito. Criava-se então uma ambiência de ensino, que envolvia o cognitivo e o afetivo, na qual os alunos ficavam à vontade para errar, partilhar dúvidas, envolver-se com as questões que os intrigavam.

7. Os professores passaram a esperar sempre mais de seus alunos, infundindo uma forte confiança neles: "parece que os professores obrigavam a gente a se esforçar mais e, quando a gente se esforçava, a gente sentia que valeu a pena ter se esforçado. A gente se esforçava porque era melhor para a gente mesmo. Eu me sentia recompensado pelo que eu fazia" (A).

Outros pontos poderiam ser levantados. Nos limites deste texto, termino reafirmando a potência formativa da escola, tanto para alunos como para professores; afirmando que uma proposta coletiva gestada na escola, para atender à sua singularidade, às suas necessidades, aos seus recursos, contando com o apoio de literatura especializada e da contribuição da expertise de pessoas de dentro e de fora da escola, pode levar a uma aprendizagem de sucesso para alunos e professores. E justifico apelando para João Cabral de Melo Neto (1999, p. 345):

> Um galo sozinho não tece uma manhã:
> ele precisará sempre de outros galos.
> De um que apanhe esse grito que ele
> e o lance a outro; de um outro galo
> que apanhe o grito que um galo antes
> e o lance a outro; e de outros galos
> que com muitos galos se cruzem
> os fios de sol de seus gritos de galo,
> para que a manhã, desde uma teia tênue,
> se vá tecendo, entre todos os galos.

Referências

ALMEIDA, Laurinda Ramalho. *O ensino noturno*: memórias de uma experiência. São Paulo, Loyola, 2010.

ALMEIDA, Laurinda Ramalho. A coordenação pedagógica no Estado de São Paulo na memória dos que participaram de sua história. In: ALMEIDA, L. R.; PLACCO, V. M. N. S. (Org.). *O coordenador pedagógico e o atendimento à diversidade*. 2. ed. São Paulo, Loyola, 2012.

AZANHA, José Mario Pires. *Documento preliminar para reorientação das atividades da Secretaria*. São Paulo, Secretaria de Educação de São Paulo, 1983.

_____. *Educação: temas políticos*. São Paulo, Martins Fontes, 1995.

BERGER, Peter, LUCKMANN, Thomas. *A construção social da realidade*. Petrópolis, Vozes, 1985.

MELO NETO, João Cabral de. Tecendo a manhã. In: ID. *Obra completa*. Rio de Janeiro, Nova Aguilar, 1999.

CANÁRIO, Rui. A escola, o lugar onde os professores aprendem. *Psicologia da Educação*, São Paulo, 6 (1998a) 9-28.

_____. Palestra na PUC-SP, nov. 1998b (não publicada).

_____. A prática profissional na formação de professores. In: *V Seminário Fala (outra) escola*. Anais. Campinas, FEUNICAMP, 2010, p. 157-178.

FREIRE, Paulo. *A pedagogia da esperança: um reencontro com a pedagogia do oprimido*. São Paulo, Paz e Terra, 1992.

_____. *A educação da cidade*. São Paulo, Cortez, 2001.

GATTI, Bernardete, LAPEIZ, Sandra. *A implantação do projeto de reestruturação técnico-administrativo e pedagógica do ensino de 1° e 2° graus no período noturno*: avaliação do primeiro ano. Mimeo. São Paulo, Fundação Carlos Chagas, 1985.

GUIMARÃES ROSA, João. *Grande sertão: veredas*. Rio de Janeiro, Nova Fronteira, 1985.

SARAMAGO, José. *A bagagem do viajante*. São Paulo, Companhia das Letras, 1996.

ZIBAS, Dagmar. Ensino noturno de 2° grau: a voz do corpo docente. *Cadernos de Pesquisa*, São Paulo, n. 78 (ago. 1991).

Entraves da formação centrada na escola: possibilidades de superação pela parceria da gestão na formação

Vera Lucia Trevisan de Souza[1]
vera.trevisan@uol.com.br

Vera Maria Nigro de Souza Placco[2]
veraplacco@pucsp.br

Introdução

Este texto reporta uma experiência de formação centrada na escola, voltada para gestores da rede pública municipal de São Paulo, desenvolvida no período de fevereiro a outubro de 2012. A formação envolveu quatro grupos de profissionais, sendo um de supervisores, um de formadores da Diretoria de Orientação Técnica (DOT), um de diretores e vice-diretores e um de coordenadores pedagógicos. Esses grupos de profissionais ainda se organizaram em dois: os da educação infantil e os do ensino fundamental.

O objetivo deste texto é apresentar a experiência de formação planejada e executada por nós, problematizando as dificuldades encontradas no processo e apontando os avanços que uma formação organizada, de modo a integrar os gestores internos e externos à escola, pode promover. Espera-se com esta socialização contribuir

---
1. Mestre e doutora pela PUC-SP; coordenadora e professora do Programa de Pós-Graduação em Psicologia da PUCCAMP.
2. Professora doutora do Programa de Estudos Pós-Graduados em Educação: Psicologia da Educação e do Programa de Mestrado Profissional em Educação: Formação de Formadores, ambos da PUC-SP.

para outras experiências de formação, sobretudo aquelas que se desenvolvem a partir das demandas das escolas.

Entendemos como formação centrada na escola aquela que parte de suas demandas, mas não acontece só e necessariamente em seu interior. A complexidade da escola deriva não só de suas práticas, mas de todas as relações que profissionais e alunos estabelecem entre si, com a Secretaria da Educação, com o sistema de ensino, com as políticas públicas, com a literatura, com as famílias e a comunidade. Desse modo, a escola sofre influências de muitos aspectos que estão fora dela e que precisam ser considerados nos processos de formação.

Esta acepção implica tomar a escola como *geradora* das demandas da formação e *alvo* das ações formadoras. Isto porque estão contidas na escola ideias, ações, formas de organização das práticas que ultrapassam seus muros — há uma porosidade, de dentro para fora e de fora para dentro, caracterizando um movimento dialético permanente, em que algumas ações e alguns acontecimentos adquirem maior ou menor visibilidade, sem anular, no entanto, outras possibilidades e impossibilidades, que, por sua vez, produzem essas mesmas ações em evidência. Isso justificaria, por exemplo, a indisciplina, a falta de motivação de professores e alunos, o absenteísmo, o adoecimento de professores etc., conforme se tem observado em muitos contextos.

Com o intento de oferecer elementos para a reflexão sobre a formação centrada na escola, este capítulo se organiza em três grandes blocos de conteúdo e reflexão: o primeiro, *o papel do planejamento no desenvolvimento de formação centrada na escola*, aborda os elementos que se deve levar em conta na elaboração do plano de ação formadora; o segundo, *conteúdos e estratégias na formação de formadores*, justifica as ações formadoras com base em princípios que tomam o gestor como formador e elege a integração das ações e pessoas como principal elemento da formação; no terceiro, *superando barreiras no enfrentamento das dificuldades da formação na escola*, são apresentados os resultados da formação — objeto deste relato —, os limites da ação formadora e seus desafios.

O papel do planejamento no desenvolvimento de formação centrada na escola

O planejamento se inicia com um diagnóstico das principais dificuldades encontradas pelos gestores na gestão do trabalho pedagógico, no âmbito da escola e da diretoria de ensino — DRE. Foram realizados encontros com os gestores da DRE, em que encaminhamos questões a ser respondidas e enviadas por *e-mail*, para que pudéssemos elaborar uma primeira proposta, a ser discutida com o grupo. Neste momento, foram mencionadas dificuldades como:

A gestão das relações no trabalho pedagógico, seja no coletivo (JEIF), seja no acompanhamento das atividades de sala de aula.

A administração de conflitos nas escolas é muito difícil, tanto CP-professor, como professor-aluno.

A violência nas EMEF tem sido uma queixa constante na fala dos gestores e professores.

A falta de participação dos pais na parceria família-escola tem dificultado muito os projetos realizados nas unidades educacionais.

O olhar sensível dos professores especialistas (ciclo II) sobre as dificuldades dos alunos.

Fortalecimento do conceito de gestão, numa perspectiva participativa e democrática.

Planejamento de ações a partir das atividades focais da gestão (estudar, formar e acompanhar).

Plano de gestão do diretor e CP.

Registro das ações desenvolvidas no espaço escolar.

Formação pedagógica dos gestores (teorias de ensino e aprendizagem, entre outras).

Muitos relatos de CP que não conseguem desenvolver as ações da gestão pedagógica por serem deslocados para outras funções.

Falta de definição das funções de cada um dos gestores.

A análise dessas demandas nos conduziu à elaboração de um planejamento de formação com três eixos de conteúdo: relações interpessoais; conteúdos da gestão e da formação; elaboração e aplicação de planos de ação. Observamos também a necessidade de diferenciar o enfoque de conteúdos com os supervisores e formadores do DOT e dos diretores e coordenadores. Já entendíamos naquele momento a necessidade de dividir os profissionais em dois grupos, de modo a poder focalizar questões específicas de atuação. Assim, a proposta de formação foi estruturada para atuar com o grupo de supervisores e formadores do DOT em encontros de três horas mensais, e com o grupo de diretores, vice-diretores e CP em encontros também de três horas mensais. Algumas condições iniciais para a execução da formação foram colocadas: só poderiam participar da formação as escolas que concordassem com a participação de diretores ou vice-diretores e CP juntos. Esta condição era fundamental para instituir o trabalho coletivo na escola; e os supervisores e formadores do DOT deveriam estar presentes nos encontros com os diretores e CPs. A ideia aqui era criar um espaço de diálogo, mediado por nós, neste caso, formadoras, em que conflitos e dificuldades pudessem ser explicitados, visto alguns problemas de relacionamento entre supervisores e gestores e entre diretores e CPs apontados por ocasião do diagnóstico.

Após apresentação e discussão da proposta com os gestores da DRE, foram necessários ainda alguns encontros para viabilizar o cronograma. Os encontros foram planejados para ocorrer de fevereiro a outubro de 2012, mensalmente, às sextas-feiras, sendo o grupo de diretores e CPs no período da manhã e o de supervisores e formadores de DOT à tarde.

O planejamento da ação formadora foi organizado em três eixos: o eixo 1 centrava as atividades com o grupo de supervisores e formadores de DOT e os eixos 2 e 3 com os diretores ou vice-diretores e CPs.

Assim, o eixo 1 tinha como objetivo subsidiar as ações dos supervisores e profissionais de DOT junto aos diretores e coordenadores, focalizando três dimensões: relações interpessoais, conteúdos da formação e planejamento de ação.

Já o eixo 2, cujas ações se direcionavam aos diretores e coordenadores, tinha como principal objetivo definir e fundamentar a gestão na/da escola em relação aos processos administrativos e/ou pedagógicos, com foco na gestão democrática. O foco central era a construção do trabalho coletivo da escola.

Por último, o eixo 3, direcionado à formação dos coordenadores pedagógicos, visava a definir, discutir e problematizar a ação do CP, com três focos principais: articulação dos processos pedagógicos da escola e da comunidade, a formação de professores como espaço de transformação e melhoria das condições de trabalho da escola e a construção de um projeto de ação e formação docente, conjuntamente com os diretores, que se estruturasse e se sustentasse nas necessidades e especificidades do contexto escolar e do projeto político pedagógico da escola.

Todos os três eixos foram planejados com três dimensões de discussão, visando a contemplar as dificuldades apontadas pelos gestores no momento do diagnóstico, quais sejam: relações interpessoais, gestão da/na escola (supervisores e DOT), conteúdos da formação (diretores e CPs) e elaboração de planejamento de ação.

Elegeu-se também o que denominamos princípios da formação: a ação formadora centrada na escola deveria resultar da construção coletiva com os supervisores, os formadores de DOT, os diretores, os CPs e com participação dos professores das respectivas escolas.

Consideramos que o planejamento da ação formadora é parte integrante da formação, iniciando-se antes mesmo do primeiro encontro de formação, ou seja, ao planejar a ação formadora o formador já iniciou o processo de formação.

Isto só é possível, no entanto, quando se parte, para o planejamento de formação, de dados da demanda apresentada pelo grupo ao qual se destina a formação, porque sem um diagnóstico refletido e discutido com o grupo interessado não é possível propor ações que desencadeiem transformações. Esta última afirmação permite dizer que o grupo alvo da formação também atua no planejamento da ação. Esta perspectiva está em acordo com o trabalho na escola como coletivo e partilhado com os envolvidos no processo.

Entretanto, é preciso ressaltar as dificuldades desse tipo de ação, já que envolve pessoas, rotinas, relações, disponibilidade e acerto de agenda, além de ações pedagógicas cristalizadas de alguns profissionais, relutantes em se envolver em processos reflexivos que afetam seu modo de ver-se e à sua prática como educadores.

Conteúdos e estratégias na formação de formadores

Conteúdos

A proposta de promover uma formação que integrasse gestores internos e externos à escola colocou-nos diante do desafio de lidar, concomitantemente, com as especificidades de funções e ações dos gestores envolvidos, as quais implicam conteúdos muito diversos, ainda que inter-relacionados. Por exemplo, se no momento do diagnóstico as dificuldades dos diretores e CPs se relacionavam aos conteúdos da formação de professores, o que emergiu de modo mais acentuado no caso dos supervisores e DOT foi a dificuldade de comunicação entre eles e a escola.

Esta constatação conduziu-nos a fazer pequenas diferenciações dos conteúdos trabalhados nos grupos.

Assim, com os supervisores e DOT os conteúdos trabalhados foram: comunicação, administração de conflitos, espaços de investimento nas relações, estratégias de condução de grupo (relações interpessoais e construção do grupo). Outro aspecto abordado diz respeito ao levantamento dos conteúdos por eles trabalhados em suas ações formadoras com diretores, CPs e professores. Esse levantamento se reportou aos conteúdos de formação que competem aos supervisores e a DOT na relação com diretores, coordenadores e professores. Um último conteúdo discutido foi o planejamento de ação desses profissionais, com a compreensão de que esse planejamento é o principal instrumento na construção de práticas de gestão de melhor qualidade. A diferenciação entre projeto, planejamento e plano de ação na relação com a proposta pedagógica do município foi o ponto de partida para essas discussões.

Estratégias

Inicialmente é preciso considerar que a separação em conteúdos e estratégias que se está utilizando neste texto é meramente didática, visto que em um curso de formação de educadores as estratégias utilizadas são também conteúdo, pois serão aprendidas, ainda que não seja objetivo do formador ensiná-las, e de nosso ponto de vista a vivência de dada situação pode ser potencialmente mais favorecedora de aprendizagem e mudança do que outras planejadas e objetivadas.

Daí a importância de se ter muito cuidado com o modo de desenvolver a formação, o que é, sem dúvida, um grande desafio à formação centrada na escola e aos formadores que a levam a cabo.

A proposição de estratégias de formação nos provocou a necessidade de criar alguns procedimentos que, ao mesmo tempo em que nos aproximassem de supervisores e especialistas de DOT, possibilitassem a estes uma aproximação aos diretores e CPs das escolas por eles assessoradas. Assim, os planejamentos de ambos consideravam uma primeira aproximação das temáticas eleitas pelo grupo de supervisores e especialistas de DOT, de modo que estas pudessem inspirá-los[3] em suas ações formativas com os diretores e CPs. Ao mesmo tempo, no trabalho desenvolvido por nós, na formação destes profissionais da escola — diretores e CPs —, havia atividades que eles deveriam realizar com seus professores e discutir com os supervisores e especialistas de DOT. Este modo de encaminhamento era o principal aspecto integrador dos profissionais envolvidos na formação centrada na escola. Outro elemento que conferiu qualidade à formação oferecida foi o fato de reunir quarenta diretores e CPs de quarenta diferentes escolas, de EI e EF, o que possibilitou uma rica troca sobre a realidade e as práticas cotidianas de cada um, promovendo momentos de identificação, de diferenciação e de humanização da profissão.

Feitas estas considerações, apresentamos a seguir o modo como a formação foi desenvolvida, por acreditarmos que este modelo de

---

3. Inicialmente se propunha que os supervisores e DOT realizassem, com os diretores e CPs, as mesmas ações que desenvolvíamos com eles na formação. Do mesmo modo, também propúnhamos que os diretores e CPs realizassem as mesmas atividades do encontro com seus professores nas escolas. No entanto, ao longo do processo isso não ocorreu de modo significativo.

organização e desenvolvimento da ação formadora possa inspirar propostas voltadas para formadores.

Norteou as estratégias nosso princípio de formação: partir sempre das demandas/dificuldades das práticas (de supervisores, equipe de DOT, diretores e CP) levantadas por meio de questões colocadas por nós aos profissionais, durante o encontro, para que respondessem em conjunto com seus pares (supervisores e DOT; diretores e CP) durante o mesmo encontro ou para que o fizessem em seus espaços de trabalho e encaminhassem por *e-mail* às formadoras, para subsidiar o planejamento do encontro seguinte. Um segundo princípio foi incorporado: a necessidade de estudo teórico como suporte à reflexão e à ação. Todos os encontros (com ambos os grupos) foram divididos em duas partes: a primeira voltada para as atividades de discussão e reflexão sobre a prática e a segunda para a discussão de textos previamente encaminhados, com questões a ser observadas pelos participantes e colocadas no momento da discussão. No caso de supervisores e equipe DOT, abrimos a possibilidade de eles indicarem outros textos que quisessem discutir.

Para ilustrar este movimento, apresentamos a seguir exemplos de encontros com os supervisores e equipe de DOT, e os diretores e CP.

Encontro com supervisores e equipe DOT (coordenado pelas duas formadoras)

Conteúdo: relações interpessoais (trabalhado em quatro encontros)
Encontro: primeiro
Grupo: supervisores e equipe de DOT (dezoito participantes)[4]
Horário: 13 h-16 h
Periodicidade: mensal

---

4. A participação na formação foi escolha dos participantes. Assim, não estavam presentes todos os supervisores e equipe DOT da DRE, mas aqueles que fizeram opção por participar. Estabelecemos um máximo de 22 participantes, e no início havia 22, mas ao longo do processo alguns saíram e restaram 18 que participaram de todos os encontros.

Atividades:

1 – Apresentação da pauta com as atividades do dia, com o objetivo de situar os participantes em relação ao que faríamos. Esta ação é fundamental para o envolvimento das pessoas. A partir do segundo encontro, ao final da leitura, abríamos espaço para que os supervisores e formadores DOT inserissem outras atividades ou temas.

2 – Questões para reflexão com o grupo todo: qual o espaço, na prática de vocês, para trabalhar as relações? De que modo o fazem?

As formadoras administram o tempo para que todos se expressem, assim como pedem que todos se posicionem. Anotam as respostas e produzem, no ato, uma síntese. Apresentam a síntese aos participantes, colocando novas questões para reflexão. Também oferecem sugestões para superação dos problemas arrolados.

Iniciam a discussão de texto sobre relações interpessoais[5], cuidando para garantir a participação de todos. Ao final, fazem uma síntese das principais ideias do texto.

Encaminham as tarefas para o encontro seguinte: "Fazer a mesma dinâmica vivida no encontro com seu grupo de formação, anotando as dificuldades e os encaminhamentos para apresentar no próximo encontro; ler texto sobre construção de grupo, levantando as principais ideias, anotando as dúvidas, e trazê-las para o encontro seguinte".

O encontro é encerrado.

No 2º encontro com os supervisores e equipe DOT, as formadoras iniciam com a leitura de uma síntese do primeiro encontro, seguida de comentários do grupo, e propõem que o grupo se comprometa a elaborá-la a partir daquele encontro. Assim, em duplas ou trios, os participantes passam a elaborar as sínteses e apresentá-las no início de cada reunião, quando todos tecem comentários sobre seu conteúdo e forma de elaboração.

---

5. Todos os textos utilizados na formação serão colocados no referencial teórico.

Foi muito interessante observar a criatividade dos supervisores e equipe de DOT, nas sínteses, com investimento em diferentes formatos, citando literatura etc. Elas foram muito importantes enquanto registro do movimento do grupo e dos conteúdos discutidos. Também assumimos, como formadoras, o compromisso de enviar por *e-mail*, logo após o encontro, uma síntese das tarefas encaminhadas, como forma de sistematizá-las e envolver também aqueles que estiveram ausentes do encontro.

Encontro com os diretores e CPs (coordenado pelas duas formadoras)

Os grupos de diretores e CPs, por serem mais numerosos e envolverem dois segmentos da educação básica (infantil e fundamental), foram divididos em duas turmas, por segmento, cada uma com quarenta participantes (vinte diretores ou vices e vinte CPs — sendo o diretor e o CP de uma mesma escola, perfazendo-se, portanto, um total de quarenta escolas participantes). Cada grupo ficou a cargo de uma das formadoras, que planejaram juntas os encontros, mantendo os mesmos conteúdos e o mesmo planejamento para os dois grupos. Os supervisores se dividiram de acordo com o segmento em que atuavam para acompanhar os encontros, e a equipe de DOT, que trabalha com ambos os segmentos, também se dividiu de modo que tivesse uma visão geral da formação dos gestores e CP.

Conteúdo: relações interpessoais
Encontro: segundo
Horário: 9 h-12 h
Periodicidade: mensal
Atividades:
O encontro se inicia com a leitura da pauta do dia, já colocada na lousa pela formadora. O primeiro item da pauta é um ponto de observação[6]: em que medida o grupo conseguiu exercitar a fala e a

---

6. O ponto de observação é uma pergunta envolvendo os conteúdos trabalhados, inclusive a dinâmica, pensada pelos formadores, que levam em conta:

escuta no encontro, de modo a respeitar o direito de participação de todos? Eu consegui ouvir o outro e me ouvir? A formadora explica ao grupo que devem ter em mente essas perguntas ao longo do encontro e que, no final, farão a avaliação do encontro com base nelas.

No encontro anterior — primeiro — os participantes foram agrupados em subgrupos para discutir as principais dificuldades de relações que enfrentavam nas escolas, e no final do encontro apresentaram-nas para o grupo todo. A formadora fez uma síntese das dificuldades e enviou por *e-mail* aos diretores e CPs, pedindo que escolhessem cinco delas e discutissem formas de superá-las. Deveriam colocar por escrito as sugestões e trazer para o encontro. Fora encaminhado também, como tarefa, que os diretores e CPs discutissem com seus professores as dificuldades de relações na escola e registrassem para trazer para o encontro.

Após retomar verbalmente as atividades realizadas no encontro anterior, lembrando que o conteúdo continuava sendo as relações interpessoais, e abrir espaço para colocação de dúvidas, a formadora passou à primeira atividade do dia.

Atividade 1 – Grupo todo: relato da prática com o grupo de professores sobre dificuldades de relações.

Questões: Quem fez? Fez registro? Quem não fez? Por quê? Quem apresenta? Quem prefere entregar por escrito?

Discussão dos relatos e fechamento da discussão com a questão: quais pontos de contato entre as dificuldades apontadas pelos professores e por vocês?

Atividade 2 — Em subgrupos (oito componentes): cada par de diretor/CP apresenta as cinco dificuldades de relações que elegeu e as sugestões para superá-las. Discutem no subgrupo, elaboram uma síntese da discussão e elegem cinco encaminhamentos para superação de conflitos que considerem mais adequados. O subgrupo elege um

---

o que querem acessar sobre a receptividade do grupo aos conteúdos e à dinâmica do encontro; suas hipóteses sobre o funcionamento do grupo. O objetivo é tirar a avaliação do *gostei, não gostei* e torná-la mais um momento de reflexão do grupo, além de oferecer elementos às ações futuras da formação.

coordenador do grupo para conduzir as discussões, elaborar a síntese e apresentar no momento da socialização. Também deverão escrever para entregar à formadora no final do encontro. A formadora passa pelos grupos fazendo comentários e questionamentos.

Atividade 3 — Apresentação dos encaminhamentos e debate sobre a questão: diante das dificuldades apontadas, estes encaminhamentos dão conta?

Atividade 4 — Discussão do texto "O CP, a questão da autoridade e a formação de valores", a partir de questões trazidas por escrito pelos participantes.

Atividade 5 — Avaliação com base no ponto de observação.

Como tarefa para o encontro seguinte foi encaminhado: a partir da síntese dos encaminhamentos para superar conflitos de relações interpessoais, que a formadora produziria e enviaria a todos por *e-mail*, cada par diretor/CP deveria eleger que ações seriam contempladas como objetivos no PPP da escola, registrar e trazer por escrito. (Atividade de fechamento do bloco de relações interpessoais.)

E ainda como tarefa: produzir em conjunto (diretor/CP), por escrito, um texto em que constasse qual o papel do diretor e do CP no confronto com o cotidiano da escola (atividade que inaugura o novo bloco de conteúdos sobre a gestão). E também ler os textos: "O trabalho coletivo na escola: a gestão e a relação pedagógico-administrativa" e "Desafios ao CP: o trabalho coletivo da escola".

Importante considerar sobre este encontro que não foi possível desenvolver todas as atividades planejadas, dada a grande participação do grupo nas discussões, o que as formadoras privilegiavam, ao longo da formação.

A atividade 4, "Estudo e discussão do texto teórico", ficou adiada para o encontro seguinte, iniciando-o.

Também é importante considerar que, embora a quantidade de tarefas encaminhadas possa parecer grande demais, o espaço de tempo entre um encontro e outro era de quarenta dias, em média, o que permitia que se investisse no estudo e na reflexão fora do espaço de formação.

Não é demais lembrar, ainda, que os supervisores e equipe de DOT acompanhavam os encontros e tinham como orientação trabalhar, de algum modo, os conteúdos neles discutidos, ainda que oferecendo apoio e estímulo para a realização das atividades encaminhadas. Uma variação na dinâmica de atividades relatada no encontro com os diretores e CP ocorria a cada final de bloco, quando as formadoras organizavam uma apresentação em PowerPoint sobre o conteúdo discutido, juntavam os dois grupos (do fundamental e do infantil) em um espaço maior e se revezavam na exposição dos conteúdos, abrindo espaços para reflexão. Entendíamos esses momentos como de devolução e síntese do que se tinha trabalhado, trazendo também fundamentos teóricos às questões discutidas.

Nossa experiência com formação utilizando arte, em cursos iniciais ou de aperfeiçoamento, tem nos mostrado seu potencial na promoção e na provocação da reflexão e na ampliação da consciência de educadores. No entanto, neste processo de formação, ainda que sentíssemos que poderíamos lançar mão da arte como mediação, o tempo exíguo, o grande número de participantes e mesmo os espaços físicos disponibilizados limitaram o uso dessa estratégia. A inauguração da formação deu-se em uma palestra para mais de duzentos educadores, com o objetivo de mobilizá-los a participar da formação. Naquele momento, a arte foi utilizada como estratégia para a reflexão, com respostas muito significativas por parte dos educadores presentes. Nos momentos de síntese, mencionados acima, utilizávamos, na apresentação dos temas, diversas formas de arte, como imagens, poesias, trechos de filmes e literatura, sempre com resultados muito positivos. E por ocasião da avaliação final com os supervisores e equipe DOT utilizamos uma série de pinturas de Octavio Ocampo (*As metamorfoses: a arte da ilusão*) que resultaram em profundas reflexões do grupo sobre o processo vivido na formação.

Superando barreiras no enfrentamento das dificuldades da formação na escola

Toda formação que se espera efetiva e promotora de mudanças vivencia dificuldades, que se constituem em barreiras para seu desenvolvimento, sua realização. Caso essas barreiras não se apresentem, é possível pensar que processos reflexivos não ocorreram — visto que tocam ou afetam o sujeito, demandam e/ou provocam oposição, pensamento divergente, discussão etc.

No caso que ora relatamos não poderia ser diferente. E a forma de superar as barreiras encontradas foi fazer uso de instrumentos da ação formadora, tais como o planejamento e a avaliação.

Processo contínuo de replanejamento

Nesse processo, o diálogo e a troca entre as formadoras, a análise dos acontecimentos, suas origens, suas possíveis causas, suas possibilidades de encaminhamento e de colocar em prática o planejado nos levavam a sempre rever, reavaliar, informar aos participantes esse processo, com a clareza de quem sabe que também este *como fazer* do formador atua na formação. Também teve grande valor a possibilidade de encaminhar para os participantes a síntese de cada encontro e o planejamento do próximo, somada à socialização da pauta do dia, no início do encontro, e à avaliação do encontro, ao seu final. Essas ações permitiram historicizar o processo, o que conferiu sentido às atividades desenvolvidas.

Explicitar toda e qualquer ação, seus porquês, investindo em uma dialogia fundamental a qualquer formação, consistiu em mais um recurso para a criação de um vínculo de confiança e respeito dos participantes com as formadoras. É claro que não foram todas as escolas, representadas por seus diretores e CPs, que se apropriaram desse movimento, dessas estratégias, dessas características, dessa forma de realizar a formação. Mas foram muitos os momentos em que acessamos reflexões orais e escritas sobre os avanços na escola, narrando ações que tínhamos vivido nos encontros de formação, ações carregadas de significados e questionamentos às práticas.

Podemos afirmar que esse processo contínuo de planejar e replanejar, a cada novo encontro, constituiu-se na principal ferramenta para superar as barreiras enfrentadas nessa experiência de formação.

Por mais que houvesse um planejamento inicial da formação, o caminho da formação só se realiza em processo, na ação formadora propriamente dita; caso contrário, a dialogia não se estabelece, o outro não é contemplado. Será que a não efetividade de muitas formações não decorre justamente do modo linear e fragmentado com que se desenvolve, a partir de um planejamento prévio e apriorístico, mesmo que se considerem as demandas? Não estaria aí também o formato mecanicista e linear com que se desenvolve a maioria das ações na escola e da escola com as outras instâncias?

É justamente a consideração do outro, de seu ponto de vista, do colocar-se no lugar do outro que caracteriza o que estamos chamando de dialogia, instrumento primordial para o enfrentamento de conflitos e a instituição do coletivo na escola. Isto porque trabalhar coletivamente não implica sempre ou necessariamente concordâncias, mas exige negociação de significados e sentidos, por meio de um diálogo pautado pelo respeito às divergências e diferenças, pela aceitação de múltiplos pontos de vista e pelo estabelecimento de ações que se voltem ao objetivo/fim da escola: aprendizagem e desenvolvimento de alunos e professores.

Limites da ação formadora

Para os próprios formadores esse processo exige um dispêndio de tempo muito grande, ao lado de horas de estudo, reflexão, pesquisa e planejamento e preparação do encontro.

Um encontro de três horas com diretores e CPs e de três com supervisores e equipes de DOT exigia o dobro em horas de preparação. Logo, dispor-se a fazer este trabalho é algo que se constitui em desafio para os profissionais que estão envolvidos em estudos e pesquisas sobre formação de educadores.

Neste processo vivido, característico de formações voltadas para redes públicas de ensino, barreiras e dificuldades se apresentaram, justamente pela complexidade que caracteriza a forma de organização do ensino nessas redes. Entretanto, importa assinalar o grande aprendizado do formador envolvido nesse processo.

Nele nos deparamos com barreiras relativas à organização, às relações e a um processo emancipatório dos profissionais formadores.

As *barreiras organizacionais* são aquelas decorrentes dos processos administrativos ou burocráticos envolvidos na organização e no funcionamento da formação. Envolvem desde os procedimentos e documentos exigidos para a aprovação dos processos de formação até as ações necessárias para adequar o número de pessoas aos grupos. Incluem as ações para envolver o diretor e o CP da mesma escola nos grupos de formação, assim como os próprios supervisores e equipe de DOT, junto com diretores e CPs.

As *barreiras relacionais* são aquelas envolvem os processos interpessoais e comunicacionais, geradores de ações cooperativas ou conflitivas entre os participantes da formação. No processo de formação vivenciado apresentaram-se dificuldades em fazer que os participantes se expressassem, se ouvissem. Além disso, fez-se necessária a adequação da linguagem teórico-acadêmica das formadoras à linguagem das práticas profissionais de diretores, coordenadores e supervisores. Tratava-se de criar espaços e garanti-los para a expressão de todos os participantes, romper dificuldades de relacionamento interescolas, intraescolas e entre o sistema e as escolas. Além disso, preocupamo-nos em promover debates de ideias e posicionamentos, superando as queixas recorrentes dos participantes. Tratava-se ainda de construir vínculos de confiança e respeito entre as formadoras e os participantes, e entre os próprios participantes — barreiras presentes, embora nem sempre reconhecidas.

As *barreiras a um processo emancipatório dos profissionais formadores* dizem respeito à *implicação do formador com sua própria formação e com a formação do outro*, assim como *ao desenvolvimento da emancipação do formador como tal*.

As barreiras à implicação com a formação própria e do outro implicaram a necessidade de criar espaço para exposição, discussão e reflexão das práticas de supervisoras, de diretores e CPs e de construir uma rotina de estudo, de modo que se instituísse a teoria como imbricada nas/com as práticas, possibilitando a abertura a novas compreensões teóricas e da própria prática. As barreiras ao desenvolvimento da emancipação do formador como tal decorrem da não existência de planos de ação/planejamento das ações de formação, o que resulta numa falta de organização, de rotina, de metas claras, de continuidade do trabalho da escola, de aprofundamento da reflexão sobre o cotidiano. É barreira ainda o fato de a formação não estar contemplada como objetivo e compromisso na proposta pedagógica da escola, de haver indefinição ou falta de clareza do que é *formação* e, especialmente, do que é *formação centrada na escola*, conforme definimos na introdução deste texto. São barreiras cuja superação exige quebrar resistências ao desenvolvimento de um trabalho que envolve o coletivo da escola, quebrar a incompreensão do educador quanto à concepção de *emancipação*, sendo esta confundida com individualismo, negando-se o princípio do trabalho coletivo. Como definido pelos próprios participantes, é fundamental reconhecer e enfrentar a *diferença entre corporativismo e trabalho coletivo*, sem o que o trabalho pedagógico e a formação não têm condição de prosperar.

Considerações finais

Ao nos voltarmos para a produção de uma síntese que expresse as principais ideias contidas neste texto, damo-nos conta de que falamos da formação centrada na escola definindo-a para além da escola e inserindo, portanto, novos elementos para o desenvolvimento desta prática que acreditamos efetiva na mudança das ações pedagógicas. Mas falamos também do formador, das habilidades necessárias ao desenvolvimento da formação, focalizando-as, sobretudo, no âmbito da postura que deve assumir o formador: não somos, de modo algum, melhores conhecedores dos processos escolares do que os profissionais que vivem a escola cotidianamente, não sabemos as respostas às principais questões que esta cotidianeidade coloca aos educadores, nem tampouco temos a solução para os problemas que emergem nesse complexo e diverso contexto que caracteriza a escola enquanto rede de relações. É preciso haver humildade e generosidade, muito cuidado com o outro e com o do outro, além da disposição de ouvir e tentar compreender, mais do que impor valores e modos de pensar, ou expor conhecimentos teóricos como os únicos verdadeiros e efetivos. Estes elementos constituem o que denominamos condição para a ação formadora.

Foram esses aspectos os mais destacados pelos gestores nos momentos de avaliação da formação, que ocorreu no final de outubro de 2012. Os participantes conseguiram compreender melhor o papel de cada um (supervisor, equipe DOT, diretor, coordenador) na promoção dos objetivos da escola: aprendizagem e desenvolvimento de crianças e jovens. Também conseguiram diferenciar proposta pedagógica elaborada pela rede da proposta pedagógica da escola enquanto unidade com especificidades a ser contempladas, além do projeto de ação como ferramenta para levar adiante os objetivos e metas contidos na proposta pedagógica. No encontro final com os diretores e CPs, a apresentação do projeto de ação de cada escola foi de grande riqueza, momento em que as trocas entre as escolas se efetivaram, em que uns aprenderam com os outros, em que todos se expressaram, revelando seus saberes, seus não saberes, suas dúvidas e angústias, recebendo apoio e sendo acolhidos pelos pares, que ouviam e comentavam as apresentações.

No momento reservado à avaliação da formação, também no último encontro, depoimentos de que aquela fora a primeira vez que haviam participado de uma experiência dessa natureza, com compartilhamento de colegas de outras escolas, com a presença de CPs e diretores, e de que deveria haver outros momentos como aqueles foram unânimes, além de declararem o quanto aprenderam e, claro, se queixarem do pouco tempo disponível para os encontros e as discussões.

Nas avaliações dos supervisores e equipe de DOT, esses pontos positivos também foram ressaltados, além de alguns apontamentos e críticas envolvendo temas que não foram abordados com a profundidade necessária, ou outros que não foram contemplados, mas com o consenso de que a forma como o processo foi desenvolvido e as reflexões despertadas no grupo em muito contribuíram para suas práticas.

De nossa parte, avaliamos que aprendemos muito com essa experiência, notadamente sobre a complexidade das relações nas e das escolas e da/na rede municipal de ensino, o que entendemos ser o maior desafio para o desenvolvimento de práticas de formação voltadas para esse público. Em nossas reflexões sobre o processo, consideramos que precisávamos de mais tempo, principalmente com os supervisores e equipe de DOT, que poderíamos ter investido mais em alguns temas e que talvez, se invertêssemos a ordem dos blocos, tendo deixado relações interpessoais para o final, facilitaríamos a expressão de conflitos que só se manifestaram na avaliação, ao final do processo. No entanto, essas são somente hipóteses, e críticas ao final de um processo formativo dessa natureza, envolvendo diferentes e diversas funções, cada uma com graus de complexidade grandes, é o que se espera de uma formação que se pauta pela dialogia e pela busca da emancipação dos profissionais participantes.

Referências consultadas

ALONSO, Myrtes. O trabalho coletivo na escola. In: PONTIFÍCIA UNIVERSIDADE CATÓLICA DE SÃO PAULO. *Formação de gestores escolares para a utilização de tecnologias de informação e comunicação*. São Paulo, PUC-SP, 2002, p. 23-28.

FREIRE, Madalena. *Indivíduo, saber e parceria*. São Paulo, Espaço Pedagógico, 1993.

_____. *Instrumentos metodológicos do educador*. São Paulo, Espaço Pedagógico, 1995.

GUIRADO, Marlene. *Psicologia institucional*. São Paulo, EPU, 1987.

LIBÂNEO, J. C. O planejamento escolar e o projeto pedagógico-curricular (capítulo VIII). In: ID. *Organização e gestão da escola*. Teoria e Prática. 4. ed. Rio de Janeiro, Alternativa, 2004, cap. VIII.

PIANCASTELLI, Carlos Haroldo, FARIA, Horácio Pereira de, SILVEIRA, Marília Rezende da. *O trabalho em equipe*. Disponível em: <http://www.estrategiabrasileirinhos.com.br/wp-content/uploads/2011/03/OTrabalhoemequipe.pdf>.

PLACCO, V. M. N. S, ALMEIDA, L. R., SOUZA, V. L. T. *O coordenador pedagógico e a formação de professores*: intenções, tensões e contradições. Disponível em: <http://www.fvc.org.br/pdf/apresentacao-coordenadores-qualitativo.pdf>.

PLACCO, V. M. N. S e ALMEIDA, L. R. Coleção: O Coordenador Pedagógico. São Paulo, Loyola.

PLACCO, V. M. N. S., SOUZA, V. L. T. (Org.). *Aprendizagem do adulto professor*. São Paulo, Loyola, 2006.

PLACCO, V. M. N. S., SOUZA, V. L. T. Desafios ao coordenador pedagógico no trabalho coletivo da escola: intervenção ou prevenção? In: PLACCO, V. M. N. S., ALMEIDA, L. R. *O coordenador pedagógico e os desafios da educação*. 4. ed. São Paulo, Loyola, 2012.

PLACCO, V. M. N. S., SOUZA, V. L. T. O coordenador pedagógico no confronto com o cotidiano escolar. In: PLACCO, V. M. N. S., ALMEIDA, L. R. O coordenador pedagógico e o cotidiano da escola. 9. ed. São Paulo, Loyola, 2012.
PLACCO, V. M. N. S., SOUZA, V. L. T. Diferentes aprendizagens do CP. In: ALMEIDA, L. R., PLACCO, V. M. N. S. O coordenador pedagógico e o atendimento à diversidade. 2. ed. São Paulo, Loyola, 2012.
PLACCO, V. M. N. S. O coordenador pedagógico no confronto com o cotidiano escolar. In: PLACCO, V. M. N. S., ALMEIDA, L. R. O coordenador pedagógico e o cotidiano da escola. 9. ed. São Paulo, Loyola, 2012.
SOUZA, V. L. T., PLACCO, V. M. N. S. O coordenador pedagógico, a questão da autoridade e da formação de valores. In: ALMEIDA, L. R., PLACCO, V. M. N. S. O coordenador pedagógico e questões da contemporaneidade. 6. ed. São Paulo, Loyola, 2012.
SOUZA, V. L. T. O coordenador pedagógico e a constituição do grupo de professores. In: ALMEIDA, L. R., PLACCO, V. M. N. S. O coordenador pedagógico e o espaço da mudança. São Paulo, Loyola, 2002.
VASCONCELLOS, Celso dos Santos. *Planejamento: Projeto de Ensino Aprendizagem e Projeto Político-Pedagógico* – Elementos metodológicos para a elaboração e a realização. 16. ed. São Paulo, Libertad, 2006 (Cadernos Pedagógicos do Libertad, v. 1).

A escola como lócus privilegiado de formação: revisitando o Ginásio Vocacional

Moacyr da Silva[1]
rmoasilva@yahoo.com.br

No Brasil, atualmente, em relação ao cenário educacional duas questões são destaques na mídia, nos discursos políticos e no ideário pedagógico: toda criança na escola, obrigatoriedade de atender a toda a demanda dos 6 aos 14 anos e melhoria da qualidade do ensino.

Quanto ao atendimento da demanda, nota-se que houve um elevado índice de crescimento, o que possibilitou, nos últimos anos do século anterior e no início deste novo milênio, a oferta de escola para todos. No entanto, não conseguimos ainda matricular e manter todas as crianças e todos os adolescentes na respectiva faixa de escolaridade. Quanto à melhoria da qualidade do ensino, muito há que ser feito. Os resultados apresentados por diversos instrumentos e sistemas nacionais de avaliação, como a Prova Brasil[2], o Saeb[3], o Enem[4] e o Ideb[5], entre outros, têm demonstrado o baixo rendimento e o "fracasso" de nosso ensino.

---

1. Doutor em Psicologia da Educação pela Pontifícia Universidade Católica de São Paulo PUC-SP.
2. Prova Brasil: avaliação diagnóstica aplicada aos alunos do 2º ano do ensino fundamental.
3. Sistema Nacional de Avaliação da Educação Básica.
4. Exame Nacional do Ensino Médio.
5. Índice de Desenvolvimento da Educação Básica, criado em 2007 para medir a qualidade de cada escola e de cada rede de ensino.

Preocupados com esse cenário, governantes, gestores e educadores têm apresentado várias propostas político-pedagógicas para alcançar alguma melhoria da qualidade do ensino. Uma delas refere-se à formação continuada dos professores, pois, no geral, os programas de licenciatura, graduação e formação inicial não têm alcançado os objetivos propostos e são objetos de inúmeras críticas. Sobre a formação continuada como uma das propostas para a melhoria da qualidade, o editorial do jornal *Folha de S.Paulo*, de 17 de junho de 2013 (A2, artigo Ensinar a ensinar), assim se expressa:

> Se já não há muita dúvida de que investimentos em educação são vitais para o Brasil avançar social e economicamente, ainda estão longe de ser um consenso quais as melhores medidas para fazer a qualidade do ensino progredir.
>
> O Ministério da Educação caminha na direção correta ao propor um sistema de bonificação para professores se submeterem a curso de aperfeiçoamento. O objetivo é sanar deficiências do docente, com foco nos métodos a serem utilizados na sala de aula.

Embora questionemos a estratégia de formação continuada por meio de cursos e a melhoria da formação limitada à questão dos "métodos aplicados em sala de aula", o artigo evidencia a preocupação urgente e necessária com essa questão[6].

No presente capítulo pretendemos resgatar algumas atividades de formação continuada ocorridas no Ginásio Estadual Vocacional João XXIII, de Americana, onde atuamos como orientadores pedagógicos.

Mais que um relato histórico, nosso objetivo é demonstrar, ainda hoje, o caráter de modernidade daquela experiência de renovação pedagógica, realizada na década de 1960 e início dos anos 1970[7],

---

6. Recomendamos a leitura do artigo na íntegra: *Folha de S.Paulo* de 17 de junho de 2013, Caderno A, p. 2.
7. Os ginásios vocacionais iniciaram-se em comunidades com características muito diferentes: o Ginásio Vocacional Oswaldo Aranha estava localizado numa área metropolitana altamente industrializada, no Brooklin, São Paulo; o Ginásio Vocacional de Americana, em um parque industrial, no setor têxtil, em cresci-

que se constituía num espaço privilegiado de formação continuada dos professores.

Com base na exposição de algumas atividades, pretendemos contribuir com a reflexão de professores, coordenadores e profissionais da educação engajados na busca de propostas de melhoria da qualidade do ensino, tal como se deu com as equipes de educadores das unidades escolares do Vocacional.

Ao longo de mais de trinta anos de nossa trajetória profissional como professor, orientador pedagógico, diretor, supervisor de ensino, temos observado que é comum detectar nas escolas um segmento de professores criativos, constantemente refletindo sobre sua prática e a finalidade da escola e do seu autêntico papel como profissional. Idealistas, ousados e continuamente instigados por mudanças e inovações, desempenham seu trabalho ao lado de colegas mais acomodados, repetitivos em suas metodologias, desmotivados e refratários a quaisquer propostas de renovação. Aqui se apresenta um dos grandes desafios para o coordenador pedagógico: como trabalhar com essa realidade heterogênea?

Cabe, então, começar por destacar o que propúnhamos na experiência dos Ginásios Vocacionais. Inicialmente, é preciso esclarecer que os professores que eram selecionados e admitidos para compor a equipe docente dos Ginásios Vocacionais, em geral, apresentavam boa formação inicial quanto ao domínio dos conteúdos de suas especificidades, oriundos que eram das melhores escolas de graduação. Mas, apesar da competência técnica de bons "especialistas", isto só não bastava. Era preciso trabalhar no sentido de formar autênticos educadores, o que para nós se dava num processo de formação continuada centrado na realidade da escola. Características marcantes desses professores eram a manifestação do desejo de inovação e de mudança, a criatividade, a inquietação e a insatisfação com relação à chamada educação tradicional em que vinham atuando, impulsionados que eram por uma educação transformadora. Como

---

mento; o de Barretos em uma área com predomínio da economia agropecuária; o de Batatais em um município caracterizado como agrícola; e o de Rio Claro claramente marcado pela importância do entroncamento ferroviário.

bem afirma Nóvoa (1995, p. 9): "[...] não há ensino de qualidade, nem reforma educativa, nem inovação pedagógica, sem a adequada formação de professores [...]".

É preciso ressaltar ainda que os professores selecionados, articulados à formação específica das disciplinas que ministravam, apresentavam boa cultura geral e capacidade de análise crítica dos problemas sociopolíticos e econômicos nacionais e internacionais daquela época. Revelavam a compreensão de que toda ação humana é um ato político e que a educação é um processo eminentemente político, ou ainda, conforme expressava Anísio Teixeira:

> A escola tem que dar ouvidos a todos e a todos servir [...] E o professor de hoje tem que usar a legenda do filósofo. Tem que ser um estudioso dos mais embaraçosos problemas modernos, tem que ser um estudioso da sociedade e tem que ser um estudioso do homem, tem que ser, enfim, filósofo [...] (TEIXEIRA 1976, p. 149, apud JACOBUCI 2001, p. 72).

Neste processo ia se desenvolvendo a autêntica formação continuada que favorecia o crescimento profissional e pessoal de cada professor.

Semana de Planejamento — No período que antecedia o início das aulas, por uma semana ou dez dias, em período integral, todos os componentes da equipe escolar participavam dos estudos e da construção do Plano Global Anual, hoje intitulado Projeto Político Pedagógico. Com a apresentação minuciosa de dados que caracterizavam a avaliação do ano anterior iniciava-se Semana de Planejamento. Dados sobre a promoção e o aproveitamento das classes, a evasão (que era mínima) e o alcance dos objetivos e metas do ano anterior e a atualização dos dados sobre a pesquisa da comunidade, entre outros aspectos, passavam a nortear a construção do Projeto Pedagógico da unidade.

Estudos teóricos de diversos autores, como Pierre Furter, Emmanuel Mounier, J. Dewey, J. Bruner, J. Piaget, e também autores brasileiros, com ênfase em Paulo Freire, eram contribuições epistemológicas para fundamentar todo o processo pedagógico de renovação educacional e, ao mesmo tempo, faziam da escola espaço privilegiado de formação continuada. Visando à atualização constante e ao desenvolvimento de hábitos de estudos, os conteúdos teóricos tinham continuidade ao longo do ano nos chamados Sábados de Estudos e nos Conselhos Pedagógicos semanais. A equipe de direção e os orientadores tinham importante papel na seleção dos textos e conteúdos que deveriam nortear a continuidade da formação. Vale destacar ainda a apresentação de Seminários por parte de alguns professores sobre determinados conteúdos. Conforme ressalta Tamberlini,

> [...] todos estavam motivados a elaborar um projeto pedagógico voltado para educar o homem brasileiro e enfrentar as questões educacionais postas para o nosso ensino e nosso tempo com nossas especificidades culturais, sociais, econômicas e políticas [...] a Equipe do Ensino Vocacional identificou-se com os princípios do ensino renovado (TAMBERLINI 2005, p. 33, apud ROVAI 2005, p. 95).

Projeto Pedagógico: construção coletiva. Em vários momentos notava-se o envolvimento dos pais e de todos os segmentos da escola — profissionais administrativos, da secretaria, da limpeza, dos recursos audiovisuais, do refeitório — numa vivência democrática de diálogo e participação efetiva. Era realmente um Projeto Político Pedagógico construído coletivamente. Envolvia momentos de estudos dos fundamentos teórico-pedagógicos para a melhor compreensão e a definição das diretrizes, dos objetivos gerais e das metas administrativas e pedagógicas, bem como das técnicas utilizadas nas aulas, tais como estudo dirigido, estudo supervisionado, estudo livre, estudo do meio, pesquisa, monografia, seminário etc.[8].

Essa importante construção coletiva do Projeto Político Pedagógico era, no geral, coordenada pelo coordenador pedagógico e pela equipe de direção.

---

8. A respeito da fundamentação teórica das técnicas de estudo recomendo a leitura de Esméria Rovai (Org.), *Ensino vocacional*: uma pedagogia atual, São Paulo, Cortez, 2005.

Projeto Pedagógico e as unidades pedagógicas como principal elemento curricular de integração dos conteúdos ou da interdisciplinaridade e do tratamento contextualizado do conhecimento. Tendo como suporte teórico principalmente Piaget, as unidades pedagógicas tinham uma sequência evolutiva, partindo do mais concreto, do mais próximo para o mais distante, ou seja, dos problemas da comunidade para os do estado, os do Brasil e os do mundo. Evidenciava-se assim a autêntica contextualização dos conteúdos que estavam diretamente relacionados aos problemas sociopolítico-econômicos e culturais da comunidade mais próxima e da universal. Possibilitava-se assim a concretização de um dos nossos importantes objetivos, que era o desenvolvimento da cidadania, diretamente vinculado à aprendizagem significativa do aluno. Aprendizagem significativa pressupõe a existência de referenciais que possibilitem ao aluno identificar e se identificar com os problemas, as questões e os desafios apresentados. E o aluno do Vocacional, respeitados os seus estágios de desenvolvimento, ia se constituindo como cidadão comprometido e motivado com a aprendizagem, com a construção do conhecimento e, ao mesmo tempo, engajado com o contexto sociocultural de sua época. A disciplina de Estudos Sociais era o eixo integrador dos conteúdos. Era o currículo sendo desenvolvido de uma forma integrada, interdisciplinar e contextualizada, como se propõe hoje nas Diretrizes Nacionais, nos incisos I e III do parágrafo 3º, artigo 13, Capítulo I, Título V, da Resolução nº 4, de 13/07/2010:

> [...]
>
> I - concepção e organização do espaço curricular e físico que se imbriquem e alarguem, incluindo espaços, ambientes e equipamentos que não apenas as salas de aula da escola, mas, igualmente, os espaços de outras escolas e os socioculturais e esportivo-recreativos do entorno, da cidade e mesmo da região;
>
> [...]
>
> III - escolha da abordagem didático-pedagógica disciplinar, pluridisciplinar, interdisciplinar ou transdisciplinar pela escola, que oriente o projeto político-pedagógico e resulte de pacto estabelecido entre

os profissionais da escola, conselhos escolares e comunidade, subsidiando a organização da matriz curricular, a definição de eixos temáticos e a constituição de redes de aprendizagem;
[...]
Essas Diretrizes constituíam-se em parte integrante e essencial do projeto do vocacional, nas décadas de 1960 e 1970.
Isso mostra que o ensino no Ginásio Vocacional era vanguarda para a época. Convém enfatizar, ainda, que as práticas da contextualização e da interdisciplinaridade já haviam alcançado maturidade naquele período, favoreciam o desenvolvimento dos conteúdos específicos de cada disciplina e promoviam uma correlação de informações com base no tema de cada unidade pedagógica.

Sabemos que atualmente muitas escolas têm procurado trabalhar a interdisciplinaridade dos conteúdos sob a forma de "unidades temáticas", "projetos" ou outras metodologias propostas pelos professores na busca da inovação. Conforme expressa Morin:

A ciência é, e continua a ser uma aventura. A verdade da ciência não está unicamente na capitalização das verdades adquiridas, na verificação das teorias conhecidas. Está no caráter aberto da aventura que permite, melhor dizendo, que hoje exige a contestação das suas próprias estruturas de pensamento (1997, p. 33).

Todo o desenvolvimento das diretrizes, metas e ações propostas no Projeto Pedagógico era sistematicamente operacionalizado, refletido e avaliado pela equipe de orientadores e professores no Conselho Pedagógico semanal. Como enfatiza Rovai (2005, p. 94-95):

Reuniões pedagógicas semanais — os Conselhos Pedagógicos — e os Conselhos de Classe, transformados em lócus privilegiados da formação continuada, propiciavam momentos de discussão, estudo, troca, avaliação, reavaliação e decisão coletiva e garantiam a realimentação constante do processo de ensino-aprendizagem: dos rumos tomados e a tomar e do que fazer. Cada um, segundo sua especialidade, participava na construção das soluções. A especialização deixa de ter um fim em si mesma para transformar-se em instrumento de articulação com a totalidade do processo educativo.

Sabemos que muitos sistemas estaduais de educação têm legalmente constituído como parte das jornadas de trabalho dos professores o espaço reservado para o encontro com os pares (hora/aula mais hora/atividade), tanto para as escolas de regime parcial quanto para as de período integral. Era uma reivindicação de longos anos que os professores vinham apresentando e que atualmente, aos poucos, vem se conquistando.

No entanto, é necessário que esse espaço reservado à hora/atividade possibilite, como no Vocacional, o melhor aproveitamento de estudos, de troca de experiências, de acompanhamento e avaliação contínua do Projeto Pedagógico, para que represente contínua formação do professor.

O Conselho Pedagógico, retomando a experiência do Vocacional, apresentava-se como importante espaço de diálogo e reflexão sobre os objetivos gerais, das séries e das classes, a seleção dos conteúdos que melhor pudessem atender à prática da interdisciplinaridade e melhor contribuir para responder às questões propostas para a unidade pedagógica. Esses conceitos seriam objeto de destaque alguns anos depois, nos Parâmetros Curriculares Nacionais, que enfatizam:

> [...] os conteúdos escolares devem estar em consonância com as questões sociais para que a aprendizagem favoreça a inserção do aluno no cotidiano das questões sociais marcantes e em um universo cultural maior, além de enfocar o caráter social do processo ensino-aprendizagem marcado pela influência da psicologia genética (Parâmetros Curriculares Nacionais, 1997).

Evidencia-se, assim, mais uma vez, nos Parâmetros Curriculares Nacionais vanguardismo semelhante ao da experiência pedagógica do Vocacional, que ainda faz refletir suas contribuições na educação atual.

O Conselho Pedagógico era o espaço em que o processo da práxis pedagógica — ação–reflexão–ação — era contínuo e possibilitava a fundamentação teórica relativa à metodologia e às técnicas de ensino que melhor se adequavam ao desenvolvimento dos conteúdos, à dinâmica das classes e à aprendizagem significativa dos alunos, diferente, assim, do caráter do tecnicismo, do espontaneísmo ou do ativismo pedagógico muito comum nas chamadas "escolanovistas". Era o processo em que os professores manifestavam disponibilidade para conhecer o novo e refletir sobre a prática para ousar e inovar. Os professores iam se formando como autênticos "professores reflexivos", conforme enfatizam educadores de hoje como Schön (2000) e Zeichner (1993), entre outros.

Todos os professores, orientadores e alunos eram estimulados nesse exercício prazeroso de entregar-se, como afirma Paulo Freire (1997, p. 163), "à reflexão teórica e crítica em torno da prática docente e discente". Em decorrência desse exercício da reflexão desenvolviam a compreensão dos fundamentos teóricos das diferentes técnicas de estudos, que, conforme já citado, caminhavam do estudo dirigido para o estudo supervisionado, o estudo livre, com ênfase no estudo do meio; era a teoria sendo (re)construída e transformada na prática. O professor era, assim, levado a rever não apenas sua didática, mas seus fundamentos, o que se apresenta como um dos desafios pedagógicos aos professores de hoje.

Todo o desenvolvimento das unidades pedagógicas era acompanhado nos Conselhos Pedagógicos semanais, importantes momentos de trabalho coletivo e de formação continuada do professor, com destaque à coordenação pedagógica e educacional, que enfatizamos novamente.

A cada atividade o professor encontrava na escola significativo espaço de aprendizagem e de crescimento pessoal e profissional. Era uma de nossas premissas básicas. Note-se que ainda hoje, trinta anos depois, autores portugueses como Nóvoa, Isabel Alarcão, Rui Canário, entre outros, apresentam tais premissas como inovadoras.

Uma série de outras atividades educativas, como as metodologias e técnicas de estudos com ênfase na dinâmica de grupo, o estudo do meio, os acampamentos, os projetos sociais e comunitários propostos pelo governo estudantil, o processo de avaliação, a efetiva participação dos pais na vida da escola exigiam sempre o exercício da práxis pedagógica e faziam da escola o lócus privilegiado de formação continuada dos professores.

Não cabe aqui detalhar cada uma das atividades, mas apenas estimular a reflexão e repensar a avaliação como parte integrante do processo de ensino-aprendizagem, e o aluno como sujeito desse processo.

No Vocacional o processo de avaliação era realmente contínuo, sistemático, com ênfase na autoavaliação, importante instrumento de autoconhecimento. Os resultados, sempre em função dos objetivos estabelecidos e dos conteúdos trabalhados, decorrentes da compreensão e domínio dos conceitos intrínsecos aos conteúdos, incluindo atitudes e comportamentos, eram registrados nas Fichas de Observação dos Alunos (FOAs)[9].

A escola era, assim, o lócus de formação continuada em que professores engajados no trabalho coletivo participavam da construção e do desenvolvimento de um projeto pedagógico de alto nível.

Desse projeto faziam parte, ainda, projetos sociais, o governo estudantil, com suas assembleias, os acampamentos e estudos do meio e estudos dos ciclos econômicos. Essas atividades eram fundamentadas, principalmente, no materialismo histórico, por meio de autores com Makarenko e Wallon. Professores reflexivos formando alunos mais que reflexivos: críticos, criativos, autônomos, historicamente engajados com o processo de mudança social.

Conforme enfatizamos, o Conselho Pedagógico muito contribuía para o desenvolvimento da reflexão de todos os seus integrantes: coordenadores educacionais, pedagógicos, diretor e professores.

Como resultado desse processo, os professores em suas atividades, especialmente na sala de aula, assumiam a postura de instigar os alunos a buscar fundamentações teóricas, a levantar hipóteses, a aprofundar as argumentações, na busca "socrática das explicações aos contínuos porquês", e de não aceitar apenas respostas prontas e simplistas como as de responder a um questionário de um livro para cumprir uma tarefa "valendo nota".

Mas era a autêntica vivência dos princípios freirianos da educação dialógica, do desenvolvimento da autonomia, da compreensão dos conceitos como sínteses provisórias e da paixão em desvelar o mundo e da verdadeira construção do conhecimento.

---

9. Ver Esméria Rovai (Org.), *Ensino vocacional*: uma pedagogia atual, São Paulo, Cortez, 2005.

Os professores, à medida que caminhavam nesse processo "da educação bancária para a educação libertadora", desenvolvendo-se como professores reflexivos, assumiam a aula como principal espaço de diálogo, de troca de ideias e de experiências, o que favorecia o desenvolvimento das atitudes dos alunos também como reflexivos, críticos e autônomos. Principalmente pelo exercício constante da autoavaliação, os alunos iam percebendo sua vocação ontológica de ser mais, conforme bem observa Bruno:

> [...] Freire entende que o ser humano apresenta uma vocação ontológica para ser mais, imbuído de uma natureza histórica e de uma capacidade de perceber-se no mundo, de reconhecer-se a si mesmo e ao mundo exterior com o outro (BRUNO 2005, p. 81).

Convém ressaltar, pois, que o exercício constante do diálogo do professor com os alunos e destes com os seus pares favorecia não apenas o desenvolvimento das habilidades cognitivas, mas também as relações sociais, o respeito às ideias e opiniões do outro, a escuta e ainda as atitudes de amizade, de companheirismo, os laços afetivos propiciados pelo espaço democrático da sala de aula.

Os debates de temas vinculados aos conteúdos da unidade pedagógica, os estudos dos conteúdos interdisciplinares, desenvolvidos individualmente ou em equipes, a leitura crítica dos textos científicos ou literários que favoreciam a argumentação ou a contra-argumentação dialeticamente exercitada contribuíam para caracterizar o aluno do Vocacional como diferenciado. Aluno crítico, autônomo, criativo, reflexivo e engajado com o processo histórico de mudança de sua comunidade e de seu tempo.

Não cabe no escopo deste artigo uma discussão detalhada de todos os projetos que constituíam a proposta pedagógica de vanguarda do Vocacional. É nosso objetivo ressaltar, no entanto, uma experiência de formação e prática reflexiva na escola em que o papel do coordenador é fundamental, como profissional que apresenta desafios, instiga a busca, aguça a curiosidade pelo conhecimento, incentiva a pesquisa, apresenta experiências e vivências, organiza a equipe, articula pessoas e ideias, estimula as reflexões do grupo, enfim, em um trabalho conjunto transforma a escola em um lócus de formação.

Referências

ALARCÃO, I. (Org.). *Formação reflexiva de professores, estratégias de supervisão.* Porto, Ed. Porto, 1996.

BRASIL. Secretaria de Educação Fundamental. *Parâmetros Curriculares Nacionais: introdução aos Parâmetros Curriculares Educacionais/Secretaria de Educação Fundamental.* Brasília, MEC/SEF, 1997.

BRASIL. Ministério da Educação e Cultura. *Diretrizes curriculares nacionais gerais para a Educação Básica.* Resolução CEB nº 4 de 13.07.2010.

BRUNER, J. S. *O processo da educação.* 2. ed. São Paulo, Editora Nacional, 1972.

BRUNO, E. B. G. B. *Os saberes das relações interpessoais e a formação inicial do coordenador pedagógico.* Tese (Doutorado em Psicologia da Educação). São Paulo, Pontifícia Universidade Católica, 2005.

CANÁRIO, R. (Org.). *Formação e situações de trabalho.* Porto, Ed. Porto, 1997.

DEWEY, J. *Democracia e educação.* São Paulo, Cia. Editora Nacional, 1959.

EDITORES. *Folha de S.Paulo.* São Paulo, 17 jun. 2013, Caderno A2.

FREIRE, P. *Pedagogia da autonomia*: saberes necessários à prática educativa. São Paulo, Paz & Terra, 1997.

FURTER, P. *Educação e reflexão.* 10. ed. Petrópolis, Vozes, 1978.

IMBERNÓN, F. *A educação do século XXI* – Os desafios do futuro imediato. Porto Alegre, Artmed, 2000.

_____. *Formação docente e profissional* – Formar-se para a mudança e a incerteza. 3. ed. São Paulo, Cortez, 2002 (Questões de Nossa Época, v. 77).

JACOBUCI, A. M. *Revolucionou e acabou?* – Breve etnografia do Ginásio Estadual Vocacional de Americana. São Carlos, Compacta, 2002.

MAKARENKO, A. S. *Conferência sobre educação infantil.* São Paulo, Moraes, 1981.

MORIN, E. *O método, vol. 4. As ideias, seu habitat, sua vida, seus costumes, sua organização.* Rio Grande do Sul, Sulina, 1997.

MORIN, E., LE MOIGNE, Jean Louis. *A inteligência da complexidade.* São Paulo, Peirópolis, 2000.

MOUNIER, E. *Manifesto ao serviço do profissionalismo.* Lisboa, Livraria Morais Editora, 1967.

NÓVOA, A. *Os professores e sua formação.* Lisboa, Dom Quixote, 1995.

PIAGET, J. *Psicologia e pedagogia.* Rio de Janeiro/São Paulo, Forense, 1970.

ROVAI, E. (Org.). *Ensino vocacional*: uma pedagogia atual. São Paulo, Cortez, 2005.

SILVA, M da. *A formação do professor centrada na escola*: uma introdução. São Paulo, EDUC, 2001.

SCHÖN, D. A. *Educando o profissional reflexivo*: um novo design para o ensino e a aprendizagem. Trad. Roberto Cataldo Costa. Porto Alegre, Artes Médicas Sul, 2000.

TAMBERLINI, A. R. M. B. *Os Ginásios Vocacionais e a dimensão política de um projeto transdisciplinar.* São Paulo, Annablume/Fapesp, 2001.

TEIXEIRA, A. S. *Educação é um direito.* São Paulo, Editora Nacional, 1967.

ZEICHNER, K. M. *A formação reflexiva de práticas.* Lisboa, Educa, 1993.

A recuperação da história de vida da instituição: um projeto de formação

Ecleide Cunico Furlanetto[1]
ecleide@terra.com.br

> *"O ser humano apropria-se de sua vida e de si mesmo por meio de histórias. Antes de contar essas histórias para comunicá-las aos outros, o que ele vive só se torna sua vida e ele só se torna ele mesmo por meio de figurações com as quais representa sua existência."*
> (Christine DELLORY-MOMBERGER 2012, p. 32).

Este texto tem o propósito de discutir a possibilidade de construir um projeto de formação com base na recuperação da história de vida da instituição. Para isso foram estabelecidos diálogos com autores que exploram o lugar que as narrativas biográficas têm ocupado nas sociedades contemporâneas, bem como uma reflexão sobre uma experiência realizada em uma escola de ensino fundamental.

---

1. Doutora em Educação pela PUC-SP. Professora do Programa de Pós-Graduação em Educação da UNICID.

O homem contemporâneo: um peregrino em busca de si mesmo

Já no início do século XX, Jung (1981) percebeu sinais de que o homem contemporâneo estava sendo obrigado a enfrentar desafios que não tinham sido propostos com tanta ênfase aos que o antecederam. Ele era procurado em seu consultório por indivíduos que, após inúmeras tentativas de se adaptar aos padrões sociais da época, não haviam encontrado sentidos para suas vidas. Suas histórias, ainda não contadas, guardavam os segredos que os atormentavam, mas também as saídas para suas aflições (JUNG 1992).

A obra de Jung tenta falar disso, dessa capacidade que os indivíduos apresentam de ir em busca de si mesmos, e nomeou essa busca "processo de individuação", construto central de sua obra. Reconheceu que o homem era impelido a atender a esse chamado, imposto por uma instância psíquica coordenadora da personalidade que denominou Self. "Jung se valeu de muitos conceitos para nos contar de mil maneiras diferentes o caminho" (MARONI 2008, p. 99). Para Jung o homem é capaz de fazer travessias, de ir para além de si mesmo, de renascer tal como Fênix que morre e renasce das cinzas.

Nesta perspectiva, o Processo de Individuação implica uma tomada de consciência de processos existenciais, mesmo que para isso seja necessário traçar rotas tortuosas, configurando-se como um processo que pressupõe avanços e recuos, evolução e involução, construção e destruição, distanciando-se, dessa maneira, de um processo evolutivo.

Byington, estudioso da obra de Jung, ao analisar diferentes grupos sociais percebeu que eles também podem constituir um Self; dessa forma ele descreveu o Self coletivo: "Ampliei o conceito junguiano do Self individual para o de Self grupal e cultural. O Self grupal expressa a totalidade das forças conscientes e inconscientes, subjetivas e objetivas atuando num grupo" (BYINGTON 1996, p. 29).

Cumpre destacar que se as instituições escolares deixarem de ser um amontoado de indivíduos dispersos, lutando por seus interesses pessoais, e constituírem-se como um Self pedagógico poderão tecer um caminho coletivo que se aproxima do processo de individuação.

Os processos de construção identitária nas sociedades contemporâneas

O mundo atualmente está diferente do mundo em que Jung viveu e produziu sua obra; porém, apesar das diferenças, eles se aproximam, ao se considerar que ambos são povoados por pessoas que sofrem, amam, trabalham, sonham, enfim, vivem e buscam desesperadamente atribuir algum sentido às suas vidas.

Jung percebeu que a vida pode ser uma criação pessoal, e deste ponto de vista se assemelha a uma obra de arte. Ao pensar dessa forma, aproximou-se de pensadores contemporâneos para os quais a vida segue sendo considerada um processo criativo. Bauman lembra que, como sugeriu Foucault, a identidade não nos é dada, "nossas identidades (ou seja, as repostas às perguntas básicas 'Quem sou eu?', 'Qual é o meu lugar no mundo?', 'Por que estou aqui?') precisam ser criadas, tal como são criadas as obras de arte" (BAUMAN 2009, p. 74).

A diferença é que para o homem pertencente às gerações passadas a obra de arte possivelmente seria vista como algo cujo valor é permanente, imperecível e resistente ao tempo e ao destino. As gerações mais novas se pautariam pelos artistas contemporâneos, produtores de *happenings* e instalações, os quais não se sabe como terminarão, pois enquanto estão em andamento tudo pode acontecer. "As duas gerações ('passada' e 'nova') imaginam as obras de artes à semelhança do mundo particular cuja verdadeira natureza e significado se presume que as artes desnudem e tornem disponíveis à investigação" (BAUMAN 2009, p. 75). A arte da vida pode ganhar sentidos diferentes para gerações diferentes, mas todos a praticam, e o pensamento de Jung se atualiza por ter ampliado ao extremo a compreensão de como a vida é praticada.

É importante destacar que a busca de si mesmo nas sociedades contemporâneas deve ser realizada em territórios cada vez mais incertos. Os empregos, os vínculos familiares, as redes de amizade e as posições ocupadas socialmente fragilizaram-se e transformam-se constantemente. Bauman (2007) faz referência a uma sociedade líquida moderna, aquela "em que as condições sob as quais agem seus membros mudam num tempo mais curto do que aquele necessário para a consolidação de hábitos e rotinas" (p. 7).

Nas sociedades contemporâneas fica difícil falar de identidade como algo estável e perene. Para Dubar (2005; 2009) existem várias maneiras de construir subjetividade, assim como diferentes modos de construção identitária. O autor abordou essa questão complexa procurando articular dimensões sociais e individuais presentes nesse processo. Na perspectiva do autor, a identidade é ao mesmo tempo estável e provisória, coletiva e individual, e também subjetiva e objetiva.

Para que o indivíduo possa garantir alguma coerência e uma certa continuidade e, principalmente, para ser reconhecido pelos demais, é necessário organizar-se em torno de formas identitárias que o autor considera como sendo para os outros. Ele descreve duas formas identitárias que se organizam a partir do outro: a *comunitária*, derivada da inscrição do indivíduo em uma linhagem que se traduz por seu nome e confere a pertença a um grupo local e a uma cultura herdada, traduzida em língua, crenças e tradições; e a *societária*, definida por interações em sistemas instituídos tais como família, escola, grupos profissionais e Estado; implica um ego socializado e caracteriza-se pela assunção de papéis determinados.

Um indivíduo pode ser identificado pelo outro, mas pode ou não aceitar essa identificação. Existe um processo de atribuição de identidade pelas instituições e pelos agentes que estão em relação direta com os indivíduos, mas também está presente o processo de incorporação da identidade pelos próprios indivíduos. Com base nas identidades atribuídas pelo outro, os indivíduos constroem uma identidade para si que pode estar em maior ou menor sintonia com as anteriores.

Dubar descreveu mais duas formas de construção identitária, que teriam como foco o eu. A primeira, com base em uma consciência *reflexiva*, possibilita a construção de um projeto subjetivo, em associação com pares que têm projetos semelhantes e lhe fornecem recursos para identificação. A segunda, considerada pelo autor como *narrativa*, implica um questionamento das identidades atribuídas. Consiste na busca da autenticidade e de um olhar ético que dê sentido a uma existência inteira e traduz-se em uma história que cada um conta a respeito de si mesmo. Para Dubar a identidade narrativa só se torna narrativa quando posta em narrativa. "É na e pela narrativa de si mesmo que o si íntimo reflexivo torna-se uma história" (DUBAR 2009, p. 241).

A condição biográfica

Dellory-Momberger (2012), refletindo sobre as sociedades contemporâneas, descreve a condição biográfica à qual os indivíduos encontram-se submetidos. Ao contrário das organizações societárias anteriores, nas quais os indivíduos inseriam-se em grupos de pertença mais sólidos que lhes conferiam identidades forjadas socialmente, o indivíduo contemporâneo, liberado de muitos de seus vínculos, está fadado a construir sua própria identidade nas diferentes esferas da vida social e especificamente na esfera profissional. Em síntese, para a autora, a sociedade pós-moderna propõe aos indivíduos a difícil tarefa de produzir a si mesmos. Nesta perspectiva, os grupos de pertença não são mais determinados, mas há possibilidades de escolha e de elaboração pessoal.

Na sociedade industrializada, a socialização passava pela integração do indivíduo aos espaços sociais e institucionais (a família, a escola, o mundo do trabalho etc.). Na sociedade da modernidade avançada compete ao indivíduo integrar à sua biografia as esferas do social, num movimento de apropriação e de construção pessoal (DELLORY-MOMBERGER 2012, p. 30).

Com base nesse ponto de vista é possível dizer que o indivíduo contemporâneo tornou-se um ser plural, produzido em meio a experiências múltiplas cujo percurso biográfico articula variadas inserções.

Os processos formativos nas sociedades contemporâneas

As considerações teóricas anteriores apontam na direção de que existe uma configuração social que impele os indivíduos a assumir seus processos de construção identitária, inclusive no que se refere à esfera profissional. Nesse novo contexto, cumpre destacar que modelos de formação pautados pela aquisição, descritos por Ferry (2004) como aqueles que privilegiam a aprendizagem de conhecimentos disciplinares e pedagógicos fornecidos por formadores que detêm o saber, não são mais os únicos a delinear os espaços formativos. Outros estão sendo gestados, em sintonia com as atuais discussões a respeito de processos de construção identitária que articulam diferentes dimensões da vida dos indivíduos.

Autores como Nóvoa (1992); Schön (1992); Perrenoud (1993); Pineau (2004) e Tardif e Lessard (2005), ao se referirem à formação, enfatizam a importância de se desvelar as experiências, os pensamentos, os sentimentos, os dilemas e as necessidades dos professores nos processos de formação. Eles descrevem uma nova óptica de formação que tem como ponto de partida não mais os conhecimentos teórico-metodológicos, mas o sujeito em formação. A vida fragmentada pela modernidade e dividida em pessoal e profissional pode ser reunida nos espaços de formação. O professor é uma pessoa: "Urge por isso (re)encontrar espaços de interacção entre as dimensões pessoais e profissionais, permitindo aos professores apropriar-se dos seus processos de formação e dar-lhes um sentido no quadro de suas histórias de vida" (NÓVOA 1992, p. 25).

Nessa perspectiva de formação, as histórias de vida assumem um lugar diferenciado, na medida em que instauram um tipo de formação na qual o indivíduo ao relatar sua vida produz sentidos. As histórias de vida incluem nos cenários de formação, além dos saberes formais, outros saberes: aqueles de ordem subjetiva utilizados pelos sujeitos para enfrentar os desafios impostos pela vida. "Esses saberes 'não sabidos' desempenham um papel primordial na maneira como os sujeitos investem nos espaços de aprendizagem, e sua conscientização permite definir novas relações com o saber e com a formação" (DELLORY-MOMBERGER 2008, p. 95).

As escolas possuem uma história que pode ser narrada

Como descreveu Byington (1996), as instituições constituem um *Self* grupal fruto da relação de diferentes atores que em conjunto, em meio a tensões, a idas e vindas, vivem, debatem, fazem e sonham. No entanto, essa história na maioria das vezes não é contada. Pineau (2012) faz menção a histórias de vida coletivas, elaboradas por membros de alguma comunidade, cujo objetivo é apropriar-se do passado, expô-lo e dar a ele uma visibilidade social. Acrescente-se que ao contar sua história um grupo tece uma narrativa tecida por narrativas individuais que explicita e articula suas ações na busca de construir sentidos para elas.

Uma escola passou por essa experiência. Uma coordenadora estava iniciando seu trabalho nessa instituição e sua entrada havia provocado uma reorganização das diferentes forças que atuam na constituição do *Self* institucional, que se viu momentaneamente desequilibrado. É importante destacar que essa profissional tinha sido contratada pela direção da escola com o intuito de provocar transformações na escola. Por alguns professores foi bem recebida, principalmente por aqueles que desejavam mudanças, por outros foi considerada uma intrusa que punha em risco o projeto pedagógico da escola. Os primeiros contatos entre ela e o grupo foram tensos; por parte da coordenadora havia a intenção de conhecer e transitar pelo novo terreno e por parte dos professores havia uma certa desconfiança e uma intenção de imobilizá-la; alguns faziam isso esquivando-se dos encontros, enquanto outros inventavam demandas periféricas que a ocupavam e impediam que questões pedagógicas fossem abordadas. Essa situação desagradava a todos, pois grande parte da energia do *Self* institucional estava sendo utilizada para tecer movimentos defensivos e não para colocar a instituição em movimento por meio de ações criativas.

A escola tinha uma história que era frequentemente mencionada pelos professores mais antigos; a retomada da história soava para a coordenadora como um aviso do grupo de que existia um passado que não poderia ser apagado e que delineava a instituição, ao qual ela não pertencia, e nunca poderia fazer parte dele. Ela percebeu que lutava contra esse passado e dessa forma desconsiderava a trajetória da escola, considerada por ela uma ameaça que muitos professores batalhavam para preservar.

Para construir um projeto pedagógico coletivo, não aquele elaborado distante do chão da escola, mas um projeto que articulasse as diferentes trajetórias dos diversos atores pedagógicos, seria necessário traçar um caminho diferente do que ela estava percorrendo.

Tateando em busca de saídas para essa situação que a todos paralisava, sentiu que seria necessário acolher a história da escola no sentido de projetar um futuro em consonância com ela. Intuiu que seria necessário resgatar as histórias de vida dos diferentes professores, não na perspectiva individual, mas no sentido de compreender como elas se entrelaçavam e compunham uma história coletiva ainda não pronunciada, mas prestes a aflorar e sustentar a construção de um projeto coletivo composto por palavras que, em vez de encobrir, desvelassem o real.

Para isso, foram resgatados depoimentos e documentos, disponibilizados pelos diferentes profissionais da escola. Ao realizar essa tarefa se apropriaram de uma trajetória que não expressava somente os projetos da equipe gestora, mas os de um coletivo que, vagarosamente, estava construindo a escola. Foram recuperados diferentes materiais, como textos, jornais da escola, projetos pedagógicos antigos, fotografias. Cada um dos envolvidos nesse processo foi percebendo como passou a integrar essa história e como contribuiu para que ela acontecesse.

Ao participar dessa atividade, a coordenadora pôde encontrar também o seu lugar na história da escola; ela não pertencia ao passado, mas já fazia parte dessa história. Ficou claro para todos que sua entrada tinha impactado o grupo e provocara mudanças, talvez não as planejadas, mas aquelas que ocorreram com base nos diferentes sentidos que foram construídos para suas ações. Quando pôde perceber isso, sentiu-se parte da escola, e o passado que tanto a ameaçava pôde ser acolhido e respeitado.

Considerações em aberto

Essa experiência mostrou ter um grande potencial formativo, considerando que a formação não é algo que acontece em paralelo à vida, mas articula-se a ela. A formação que tem como eixo as histórias de vida se aproxima da individuação e passa a contribuir com ela, revestindo-se de uma energia especial que flui quando a vida é colocada em movimento.

Ao relatar suas histórias, os professores puderam intercambiar experiências e os sentidos atribuídos a elas. Para Gusdorf (1995), falamos porque não estamos sós. A linguagem é sempre uma procissão do ser em direção ao exterior de si próprio. Ela possibilita a criação do espaço do entre, espaço potencialmente criativo onde o eu e o outro podem se encontrar, compartilhar, consolidar a comunicação e criar um mundo com novas possibilidades (FURLANETTO 2009).

Nessa perspectiva a instituição escolar, em vez de se configurar como um grupo de pertença que impõe uma determinada forma de pensar, pode abrir espaços reflexivos nos quais cada um pode contribuir com a construção do nós. Isso tornou-se possível na medida em que cada um pôde contar a sua história e perceber como ela entrava em confluência ou não com as de outros educadores.

Sonhos, valores, crenças, mitos e referências teóricas foram emergindo, alguns sendo acolhidos, outros questionados. Aos poucos todos foram se integrando ao processo e abrindo espaços para lembranças, brincadeiras e trocas. Ao finalizar a atividade constatou-se que havia eixos que norteavam o trabalho desenvolvido e que eles poderiam auxiliar a projetar o futuro, que seria fruto da recuperação do vivido, de desapegos e de aberturas para viver novas experiências.

Referências bibliográficas

BAUMAN, Z. *Vida líquida*. Rio de Janeiro, Zahar, 2007.
_____. *A arte da vida*. Rio de Janeiro, Zahar, 2009.
BYINGTON, C. A. *Pedagogia simbólica*: a construção amorosa do conhecimento do ser. Rio de Janeiro, Rosa dos Tempos, 1996.
DELLORY-MOMBERGER, C. *Biografia e educação*: figuras do indivíduo projeto. Natal/São Paulo, EDUFRN/Paulus, 2008.
_____. *A condição biográfica*: ensaios sobre a narrativa de si na modernidade avançada. Natal, EDUFRN, 2012.
DUBAR, C. *A socialização*: construção das identidades sociais e profissionais. São Paulo, Martins Fontes, 2005.
_____. *A crise das identidades*: a interpretação de uma mutação. São Paulo, Editora da Universidade de São Paulo, 2009.
FERRY, G. *Pedagogía de la formación*. Buenos Aires, Centro de Publicaciones Educativas y Material Didáctico, 2004.

FURLANETTO, E. C. Tomar a palavra: uma possibilidade de formação. *Revista @mbienteeducação*, São Paulo, v. 2, n. 2 (ago.-dez. 2009) 128-135.

GUSDORF, G. *A palavra*. Lisboa, Edições 70, 1995.

JUNG, C. G. *O desenvolvimento da personalidade*. Petrópolis, Vozes, 1981.

_____. *Memórias sonhos e reflexões*. Rio de Janeiro, Nova Fronteira, 1992.

MARONI, A. A. *Eros na passagem*. São Paulo, Ideias e Letras, 2008.

NÓVOA, A. (Org.). *Os professores e sua formação*. Lisboa, Dom Quixote, 1992.

PERRENOUD, P. *Práticas pedagógicas, profissão docente e formação*. Lisboa, Dom Quixote, 1993.

PINEAU, G. *Temporalidade e formação*. São Paulo, Trion, 2004.

PINEAU, G., LE GRAND, J. L. *As histórias de vida*. Natal, EDUFRN, 2012.

SCHÖN, D. Formar professores como profissionais reflexivos. In: NÓVOA, A. (Org.). *Os professores e a sua formação*. Lisboa, Dom Quixote, 1992.

TARDIF, M., LESSARD, C. *O trabalho docente*: elementos para uma teoria da docência como profissão de interações humanas. Petrópolis, Vozes, 2005.

A formação permanente, o papel do coordenador pedagógico e a rede colaborativa

Beatriz Gouveia[1]
biagouveia@uol.com.br

Vera Maria Nigro de Souza Placco[2]
veraplacco@pucsp.br

*"A missanga [sic], todos a veem.
Ninguém nota o fio que, em colar vistoso,
vai compondo as missangas [sic]."*
(Mia COUTO, 2004, p. 7).

A proposta deste artigo é suscitar uma atitude reflexiva sobre a possibilidade da criação de uma estrutura de formação balizada por uma cadeia colaborativa, em que todos os sujeitos envolvidos, desde as secretarias municipais até as escolas, se corresponsabilizam pela qualidade dos resultados da aprendizagem dos alunos e apoiam-se para a realização da formação. A presença da rede contribui para a

---
1. Pedagoga, mestre em Educação: Psicologia da Educação pela PUC-SP. Coordenadora de projetos do Instituto Avisa Lá e professora da Pós-graduação em Alfabetização do Ise-VeraCruz; autora da dissertação de mestrado em que este texto está fundamentado.
2. Professora doutora do Programa de Estudos Pós-Graduados em Educação: Psicologia da Educação e do Programa de Mestrado Profissional em Educação: Formação de Formadores, ambos da PUC-SP, e orientadora da dissertação de mestrado em que este texto está fundamentado.

escola se tornar um espaço de formação permanente para os seus professores e para o coordenador assumir a formação como sua principal função nas escolas.

A pesquisa recente de Placco, Almeida e Souza (2011) revelou que a maioria dos coordenadores investigados, ao falar de suas atribuições na escola, manifestou uma tensão entre o desejado (como entendem a função, abrangendo acompanhamento a professores e alunos) e o vivido (o que concretamente realizam na escola, que é prioritariamente o atendimento às demandas administrativas). O fato é que muitos coordenadores estão deslocados de suas reais funções nas escolas. A maior parte de sua rotina é ocupada com demandas administrativas e muitas vezes não se sabe qual é o seu campo específico de atuação: ficar à disposição dos pais, atender ao telefone, checar os materiais, substituir professores, chamar a atenção de alunos desobedientes, fiscalizar o trabalho do grupo etc. Enfim, quando não se sabe quais são suas atribuições e não se tem um campo definido de atuação, parece que tudo cabe. E nessas situações os coordenadores são engolidos por essas demandas e por esse cotidiano, pois não saberiam fazer de outro jeito e dessa forma também se sentem úteis na instituição.

O coordenador pedagógico tem um papel fundamental na perspectiva colaborativa de formação, pois ele é considerado peça-chave para o desenvolvimento da formação permanente no âmbito das escolas. Ou seja, é o coordenador que está na escola, ao lado do professor, e pode concretizar uma boa parceria de formação. É o CP[3] que tem as condições para propor bons momentos de formação nos horários de trabalho coletivo previstos na escola para organizar grupos de estudos, planejar as ações didáticas junto com os professores, fazer as orientações por séries, exercer, de fato, o papel de um articulador de aprendizagens. Ao assumir esse papel, o CP se corresponsabiliza, junto com o professor, pela qualidade da aprendizagem dos alunos.

Para realizar bem o seu trabalho como formador, o CP precisa garantir um espaço real de interlocução, colocando-se no lugar de

---

3. A sigla CP refere-se a coordenador pedagógico.

parceiro dos professores. É preciso que considere o potencial intelectual de seu grupo, suas representações, sem perder de vista a busca por uma relação de confiança e uma discussão honesta sobre os desafios da sala de aula. É preciso cuidar dessa parceria formador/professor, para não exigir sem oferecer instrumentos, para não deixá-los sozinhos e desarmados, para a música não vibrar alta demais para um corpo, lembrando a linda metáfora de Clarice Lispector em *Perto do coração selvagem*. Ambos devem aprender a dizer o que sabem, o que não sabem e, juntos, buscar respostas e soluções. Redimensionar o papel do coordenador nas escolas implica organizar uma formação em rede. O fato é que a atuação do coordenador como um formador remete à reflexão de quem forma o formador. Para que os coordenadores se reconheçam como formadores e se fortaleçam como autoridades técnicas nas escolas, precisam contar com apoio e interlocução de formadores mais experientes, que também atuem nas redes. É a cadeia formativa:

Secretarias de Educação

⇧⇩

Equipes técnicas

⇧⇩

Coordenadores pedagógicos e diretores escolares

⇧⇩

Professores

⇧⇩

Alunos

As equipes técnicas (constituídas por formadores mais experientes) são responsáveis pela formação dos coordenadores e diretores escolares, e estes, por sua vez, são responsáveis pela formação dos professores. E todos são corresponsáveis pela qualidade da aprendizagem dos alunos.

Mia Couto, citado na epígrafe deste artigo, traduz com linda metáfora o que parece ser um dos elementos-chave para a compreensão do êxito da estrutura de formação de uma rede: os resultados na formação dos coordenadores e dos professores: as aprendizagens dos alunos são as missangas (sic) que deixam o colar vistoso, e o fio invisível que o sustenta é a rede colaborativa da formação.

A melhoria da qualidade da escola pública não é fruto de uma ação isolada, externa e pontual de formação. Ao contrário, pressupõe um conjunto de ações interligadas, envolvendo os diversos atores que compõem o cenário educativo. Os coordenadores são responsáveis pela formação, porém não podem assumir essa tarefa sozinhos.

Todos os sujeitos envolvidos nessa cadeia de formação se corresponsabilizam e oferecem o apoio técnico e formativo ao sujeito da formação a eles interligado. Dessa forma, não há o isolamento que costumamos observar na prática dos coordenadores pedagógicos. Imbernón (1998, p. 102) ressalta que uma das certezas oriundas de seu trabalho e sua experiência é que a formação é uma tarefa principalmente coletiva e contextualizada e que não se pode empreender uma formação baseada no isolamento.

É o que, de certa forma, também aponta a pesquisa de Davis et al. (2011): as poucas secretarias que investiram em uma estrutura de formação mais colaborativa obtiveram resultados bem-sucedidos e conseguiram criar uma organização estável para o desenvolvimento de projetos formativos. Parece que quando essas estruturas de formação tornam-se mais estáveis, mais organizadas na rede há uma tendência a permanecerem, pois a qualidade da participação dos sujeitos envolvidos é ampliada e refinada.

Prioritário é que o grupo de coordenadores e formadores se reconheça como parte integrante de uma rede colaborativa. Que eles se sintam um *entre* todos e *com* todos. A rede é concebida como baliza para as ações formativas e como espaços de participação democrática, de relações horizontais e muita parceria. Ela traz uma abertura de possibilidades: é o olhar do outro validando o que de melhor tem a diversidade. Não há dúvidas do poder decisivo que a engrenagem dessa rede tem para o êxito da estrutura de formação.

A formação permanente nas escolas

A premissa da constituição de uma rede é que as escolas precisam tornar-se espaços de formação permanente e os professores ser considerados como profissionais e não alunos, isto é, profissionais com uma responsabilidade social definida por sua profissão, que é ensinar.

O coordenador assume a liderança pedagógica das escolas junto com os diretores escolares. É importante que se definam as atribuições de cada um, para que não haja confusão nem desorganização na gestão da escola. Cabe ao CP a formação dos professores e ser o principal articulador de redes de aprendizagem. E o diretor tem o desafio de realizar uma gestão com o foco na aprendizagem dos alunos. Portanto, não se trata de polarizar as funções, como: ao CP cabe o pedagógico e ao diretor, o administrativo, pois ambos realizam uma gestão com vistas à aprendizagem dos alunos.

Os coordenadores então passam a ocupar o lugar de formadores, de articuladores de uma rede de aprendizagem dentro das escolas. Mas esse processo não acontece de um dia para o outro. Para que os coordenadores tornem-se formadores e ajam como formadores e, quem sabe, se reconheçam como autoridades técnicas diante de um grupo não basta apenas nomeá-los ou entregar-lhes uma nova rotina e uma lista de atribuições.

É necessário propor caminhos para que a construção do papel formador do coordenador seja feita com a consistência e a seriedade necessárias. Podemos pensar em alguns caminhos:
1. Inserir todos os envolvidos em um processo de formação, isto é, criar uma cadeia distributiva da formação. A Secretaria constitui uma equipe de formadores, com educadores mais experientes da rede, para que possam apoiar, acompanhar

e fazer a formação dos coordenadores. Todos os sujeitos envolvidos nessa cadeia devem ter apoio e interlocução de formadores mais experientes.
2. Considerar a homologia dos processos como premissa teórica, ou seja, contemplar os mesmos princípios do trabalho que o professor em formação utilizará mais tarde com os seus próprios alunos. Quer dizer, do ponto de vista do funcionamento, considerar que a formação não pode ser realizada em uma perspectiva transmissiva. Compreender que o tempo do aprender implica acionar representações, reflexões, relações das situações práticas com a teoria e aproximações sucessivas com o conteúdo proposto. Para um aprofundamento do conteúdo e mudanças nas práticas, é preciso haver tempo e continuidade das discussões. Esta premissa está diretamente relacionada ao tempo dedicado às práticas de leitura e escrita na formação dos coordenadores e professores.
3. Outorgar ao conhecimento didático um papel central na formação, isto é, ajudar os professores a compreender melhor as interações que se produzem entre o professor, os alunos e o objeto de ensino e discutir os problemas que estão vinculados ao ensino ou à aprendizagem escolar de determinados conteúdos, e sobre as melhores condições de ensino para incidir em uma melhor qualidade de aprendizagem dos alunos. É buscar compreender cada vez mais os modos de ensino capazes de transmitir o conteúdo da forma mais compreensível possível para os outros (SHULMAN 2005).
4. Conceber a formação no interior da escola. De acordo com Imbernón (2010b, p. 17), na formação não há problemas genéricos para todos e nem soluções para todos. Há situações problemáticas em um determinado contexto prático. Portanto, ainda segundo o autor, o currículo de formação deve consistir no estudo de situações práticas reais que sejam problemáticas.
5. Considerar que a consolidação da aprendizagem da docência se dá no contexto do trabalho, a partir do trabalho pedagógico realizado nas escolas. Segundo Placco e Souza (2006, p. 81-82), a continuação e a consolidação da aprendizagem

acontecem no meio da problemática, na experimentação de sucessos e fracassos, na prática de ensino, refletida e dialogada. A afirmação de Canário (1997, p. 9) de que "a escola é o lugar onde se aprende a ser professor" aponta a importância dos contextos de trabalho para o desenvolvimento profissional. Segundo o autor, é no contexto de trabalho que se decide o essencial da aprendizagem profissional, coincidente com um processo de socialização profissional:

> A chave para a produção de mudanças (simultâneas) ao nível dos professores e ao nível das escolas passa, então, a residir na reinvenção de novos modos de socialização profissional, o que constitui o fundamento mais sólido para encarar como uma prioridade estratégica o desenvolvimento de modalidades de formação "centradas na escola", por oposição e contraste com a oferta formalizada, descontextualizada e escolarizada que é dominante (1997, p. 10).

O saber profissional provê recursos para enfrentarmos o desconforto do ensino. A tomada de decisão na situação de ensino tem uma boa parcela de improviso, e o desafio permanente dos professores é como desempenhar bem o seu papel em um campo tão movediço. O domínio de um conjunto de saberes de diferentes tipos é essencial para enfrentar sua função multifacetada. Schön (1997, p. 83) propôs dois momentos diferentes de reflexão que nos mostram a possibilidade de as situações práticas se tornarem um objeto sobre o qual se pode pensar. O processo de reflexão na ação diz respeito ao saber que é mobilizado na prática profissional, ao saber que permite agir. Quando está em sala de aula, o professor lida com imprevistos e busca soluções coerentes com sua concepção. Como diz Schön, "esse processo de reflexão na ação não exige palavras". Quando está fora da sala, o professor faz de sua prática um objeto de análise e reflexão. Isto é, distanciado da ação, ele reflete sobre sua prática, buscando novas estratégias de atuação; é um olhar retrospectivo. Schön nomeou este momento "reflexão sobre a reflexão na ação" e ressaltou a sua importância para a formação: "o professor pode pensar no que aconteceu, no que observou, no significado que lhe deu e na eventual adopção de outros sentidos". A reflexão sobre a reflexão na ação exige o uso de palavras e pode ser propulsora de uma sistematização de um novo conhecimento construído. O movimento das reflexões contribui para o professor, gradativamente, sentir-se mais fortalecido e, assim, utilizar os instrumentos conceituais e as estratégias de análise para a compreensão e a reconstrução da prática. Saber fazer é uma atividade intelectual diferente de saber explicar o que se faz. À medida que o professor tem oportunidade de se distanciar da própria prática para pensar sobre ela ganha novas condições para explicar suas ações.

6. Desenhar uma rotina que possa assegurar os momentos da formação. Afirmar que a formação dos professores é responsabilidade dos coordenadores pedagógicos implica, necessariamente, criar espaços na rotina para que a formação aconteça, ou seja, é a concretização da formação na rotina da escola. Portanto, a rotina se configura como um instrumento de planejamento que organiza os conteúdos do trabalho do coordenador no tempo e no espaço, com o objetivo de garantir a articulação de suas distintas atribuições.

A rotina como estrutura de apoio para o trabalho do coordenador pedagógico

Placco (2010, p. 50), defende a rotina como instrumento de planejamento, como estrutura de apoio, e entende que o coordenador pedagógico pode orientar-se por metas e objetivos para definir suas atribuições na escola, em função de prioridades estabelecidas coletivamente, de necessidades expressas. Cunha (2006, p. 164) concorda e complementa que o coordenador precisa gerenciar as intercorrências, que não podem ser erradicadas completamente, de modo que seu trabalho, suas intenções e metas não fiquem à mercê dos imprevistos.

O desafio prioritário é que a rotina não se torne a "garota interrompida", como identificou Christov (2010, p. 62). Isto é, que a rotina não seja interrompida o tempo todo com imprevistos, resultando em um trabalho fragmentado. A metáfora de Christov revela uma insatisfação, uma dissonância em relação a uma visão sistêmica do trabalho educativo. A autora observa que muitos coordenadores são levados ao estresse por serem interrompidos em sua função, por acreditarem que são impotentes e não se sentirem reconhecidos em sua função essencial. No entanto, Christov alerta os coordenadores da importância de identificarem em que medida são vítimas e cúmplices nesse processo de interrupção de suas ações fundamentais na escola. A aposta da autora é na capacidade dos coordenadores de não se deixarem interromper.

O entendimento é que a sustentação das ações formativas do coordenador, de ações colaborativas na escola e das atividades que lhe competem decorre do reconhecimento de sua função formadora e da implantação de uma rotina que suporte seu exercício profissional.

Podemos definir as atividades que estão articuladas a uma rotina em que o papel formador do CP se evidencia, isto é, a uma rotina que pretende ajudar os professores a qualificar seu trabalho. Vejamos:

- Reuniões coletivas: os encontros coletivos são fundamentais para reconceitualizar ou aprofundar o conhecimento didático. Nesses momentos, os coordenadores têm a oportunidade de promover o estudo, as trocas de experiências, as análises das atividades realizadas em sala de aula; é um espaço privilegiado para a reflexão sobre a prática pedagógica. Geglio (2010, p. 117), ao refletir sobre o papel do coordenador pedagógico na formação do professor em serviço, enfatiza a importância dos momentos coletivos. Para ele, o coordenador pedagógico atua como agente da formação continuada quando reúne o conjunto de docentes para discutir questões e problemas pedagógicos pertinentes à sala de aula.
- Observações/acompanhamento do trabalho do professor e da sala de aula — observação em sala de aula e atendimentos individuais, para atender às necessidades de aprendizagens

individuais. Podemos dizer que é na sala de aula que o trabalho da formação se materializa, pela reflexão do professor sobre a articulação dos aspectos didático-pedagógicos e relacionais. Quando o coordenador se constitui num parceiro de trabalho do professor, as observações em sala de aula podem ser muito formativas. De fato, quando a parceria é afinada, no sentido de compartilharem os objetivos e a função da observação, o planejamento da aula observada, as necessidades de aprendizagem dos alunos e professor, há uma chance grande de esse momento ser formativo. A devolutiva do coordenador também é fundamental para o professor compreender o objetivo das observações em sala de aula. Na leitura de Geglio (2010, p. 118) verificamos também a importância que ele atribui ao acompanhamento pelos coordenadores pedagógicos das atividades dos professores em sala de aula. Para o autor, esse acompanhamento mais individualizado é uma oportunidade de discutir e analisar os problemas decorrentes desse contexto em uma perspectiva diferenciada e de partilhar responsabilidades com os professores.

- Planejar os encontros de orientação com cada professor ou série — acompanhar os planejamentos por ciclos. Este é um momento em que os coordenadores analisam produções de alunos junto com os professores, avaliam os saberes dos alunos, planejam atividades ajustadas às necessidades de aprendizagem do grupo e as melhores condições e intervenções didáticas.
- Momento de estudo e autoformação — momento para a formação dos coordenadores e estudo. É o espaço em que os CPs levantam materiais de estudo, realizam leituras e dedicam-se a um aprofundamento conceitual. Esse momento está articulado a uma rotina em que se destaca o papel formador do coordenador e também está presente em outra categoria (formação).

Vale lembrar que não há um modelo de rotina único, fechado, mas arranjos de organização do tempo que melhor funcionam para as especificidades dos objetivos do trabalho de cada coordenador pedagógico e de acordo com as necessidades de formação da instituição.

Para constituir o papel de formadores, os coordenadores investem na própria formação e aproveitam os espaços de reflexão organizados pela Secretaria para construir saberes específicos necessários para sua função. Eles reconhecem a necessidade do estudo permanente e asseguram diferentes momentos na rotina para a formação dos professores, assim como para a sua própria formação.

Referências bibliográficas

AMADO, C., GOUVEIA, B., INOUE, A. (Org.). *Coordenador pedagógico*: função, rotina e prática. Brasília, Ministério da Educação, 2012.

CANÁRIO, R. A escola: o lugar onde os professores aprendem. *Revista Psicologia da Educação*, PUC-São Paulo, Programa de Pós-Graduados em Psicologia da Educação, EDUC, n. 6 (1997) 9-27.

_____. *A prática profissional na formação de professores*. Aveiro, Universidade de Aveiro, 2000. Disponível em: <http://www.fe.unicamp.br/falaoutraescola/resumos-palestrantes/RuiCanario.pdf>. Acesso em: 20 maio 2012.

CHRISTOV, L. H. S. Garota interrompida: metáfora a ser enfrentada. In: PLACCO, V. M. N. S., ALMEIDA, L. R. (Orgs.). *O coordenador pedagógico e o cotidiano da escola*. São Paulo, Loyola, 2010, p. 61-70.

COUTO, Mia. *O fio das missangas*. [s.l.] Editorial Caminho, 2004.

CUNHA, R. C. O. B. *Pelas telas, pelas janelas*: a coordenação pedagógica e a formação de professores nas escolas. Tese (Doutorado em Educação). Campinas, Universidade Estadual de Campinas, Faculdade de Educação, 2006.

DAVIS, C. L., NUNES, M. M. R., ALMEIDA, P. A., SILVA, A. P. F., SOUZA, J. C. Formação continuada de professores: uma análise das modalidades e das práticas em estados e municípios brasileiros. *Estudos e Pesquisas Educacionais*, São Paulo, Fundação Victor Civita/Fundação Carlos Chagas, n. 2 (2011) 81-165.

GEGLIO, P. C. O papel do coordenador pedagógico na formação do professor em serviço. In: PLACCO, V. M. N. S., ALMEIDA, L. R. (Org.). *O coordenador pedagógico e o cotidiano da escola*. São Paulo, Loyola, 2010, p. 113-119.

IMBERNÓN, F. *La formación y el desarollo profesional del profesorado* – Hacia una nueva cultura profesional. Barcelona, Graó, 1998.

_____. *Formação continuada de professores*. Porto Alegre, Artmed, 2010a.

_____. *Formação docente e profissional*. São Paulo, Cortez, 2010b.

LISPECTOR, Clarice. *Perto do coração selvagem*. Rio de Janeiro, Rocco, 1998.

MARCELO, C., VAILLANT, D. *Las tareas del formador*. Málaga, Aljibe, 2001.

NÓVOA. A. *Imagens do futuro presente*. Lisboa, Educa, 2009.

PLACCO, V. M. N. S. O coordenador pedagógico no confronto com o cotidiano da escola. In: PLACCO, V. M. N. S., ALMEIDA, L. R. (Org.). *O coordenador pedagógico e o cotidiano da escola*. São Paulo, Loyola, 2010, p. 47-60.

PLACCO, V. M. N. S., SOUZA, V. L. T. *Aprendizagem do adulto professor*. São Paulo, Loyola, 2006.

PLACCO, V. M. N. S., ALMEIDA, L. R., SOUZA, V. L. T. O coordenador pedagógico e a formação de professores: intenções, tensões e contradições. *Estudos e Pesquisas Educacionais*, São Paulo, Fundação Victor Civita/Fundação Carlos Chagas, v. 1, n. 2 (2011) 227-287.

SCHÖN, D. Formar professores como profissionais reflexivos. In: NÓVOA, A. (Org.). *Os professores e a sua formação*. Lisboa, Nova Enciclopédia, 1997, p. 77-91.

SHULMAN, L. S. Conocimiento y enseñanza: fundamentos de la nueva reforma. *Profesorado. Revista de currículum y formación del profesorado*, Granada, v. 9, n. 2 (2005) 1-30.

O coordenador pedagógico como gestor do currículo escolar

Eliane Bambini Gorgueira Bruno[1]
eliane.gorgueira@terra.com.br

Luiza Helena da Silva Christov[2]
luizachristov@gmail.com.br

Introdução

Nosso artigo apresenta considerações elaboradas ao longo dos últimos dez anos em processos de pesquisas e de formação de coordenadores pedagógicos, bem como em estudos e debates a respeito de educação continuada e de construções de projetos pedagógicos em diferentes contextos escolares no Brasil.

Encontros com coordenadores pedagógicos de redes municipais, estaduais e mesmo das redes privadas de educação básica permitiram a indicação dos pressupostos, das questões e da perspectiva que apresentamos neste trabalho.

Trata-se, sem dúvida, de uma perspectiva que defendemos e publicamos no momento com a pretensão de enriquecê-la e transformá-la com a leitura de educadores de todo o país. Bom seria se pudéssemos

---

1. Mestre e doutora em Educação: Psicologia da Educação pela PUC-SP; docente do Instituto de Artes da UNESP e consultora de projetos educacionais municipais.
2. Professora doutora do Instituto de Artes da UNESP, líder do grupo de pesquisa Arte e Formação de Professores e consultora da Rede SESI de ensino e de secretarias estaduais de educação.

receber mensagens criticando, sugerindo reformulações e ampliando o conjunto de questões e desafios que registramos aqui.

Destacamos dois aspectos do contexto educacional atual — segunda década do século XXI — para enfatizar os desafios e compromissos dos coordenadores pedagógicos.

O primeiro aspecto refere-se aos compromissos ampliados da educação escolar. Além do compromisso tradicional com formação intelectual, diversas políticas públicas curriculares formulam diretrizes para formação ética, estética e psicossocial. O foco na construção de conhecimentos alia-se à necessidade de cuidados associados a valores, sensibilidade e habilidades relacionais. O cenário econômico e social que persiste excluindo milhões e milhões de pessoas dos benefícios tecnológicos e de processos educacionais exige da escola a ampliação de seus compromissos com oferta de alimentação e atenção para o acolhimento de crianças que não contam com famílias para educá-las em termos básicos de saúde física, emocional e de valores.

E a escola deve assumir tais compromissos, incorporando também as condições para crítica social e construção de perspectivas de vida melhores para todos. Para todos!

Assumir definitivamente a perspectiva de uma sociedade boa para todos sugere o segundo aspecto que destacamos como desafio para a educação escolar nesta segunda década do século XXI: o desafio de construir relações democráticas de gestão da sociedade e, no caso de nossa reflexão, do projeto escolar.

Desde os anos 1980, com o chamado processo de redemocratização pós-ditadura militar, documentos oficiais dos sistemas escolares municipais, estaduais, federais e mesmo das redes privadas insistem na construção participativa, coletiva do projeto de escola. Gestão democrática do currículo, gestão democrática do projeto pedagógico são expressões conhecidas e debatidas por educadores brasileiros intensamente há três décadas, se se considera apenas a história mais recente da educação no Brasil.

O desafio imposto por esta perspectiva traz com ele a necessidade de criar tempo para encontros e elaborações coletivos. Elaborações coletivas exigem negociações exaustivas, enfrentamento de conflitos, superação de vaidades, cultivo de escuta, identificação de propostas mais adequadas para todos em determinado contexto e momento. Para todos! Insistimos.

Considerando esse panorama de desafios para os educadores, apresentamos aos leitores o presente artigo, que se organiza em três partes, além dessa introdução e das considerações finais, identificada como "Para finalizar".

Na primeira parte, que sucede a "Introdução", apresentamos alguns modos de entendimento a respeito de currículo escolar, uma vez que estamos assumindo a abordagem de que o coordenador pedagógico é um gestor do currículo.

Na segunda parte destacamos o papel de educador do coordenador pedagógico.

Na terceira parte apresentamos nossa visão sobre o coordenador como pesquisador.

E para finalizar o artigo sugerimos questões para os coordenadores pedagógicos considerarem a respeito dos desafios e papéis aqui apresentados.

Currículo escolar como experiência e como registro

Não estamos aqui fazendo um recorte em termos de teorias de currículo, uma vez que os coordenadores podem encontrar excelente literatura em língua portuguesa já publicada sobre o tema e destacamos algumas obras em nossa sugestão de leituras, ao final do artigo.

No momento, nosso interesse é colaborar com a distinção entre o currículo como experiência ou como *ação* ou como caminhar e o currículo como *registro* dessa experiência, dessa ação, desse caminhar. Pensamos que para a reflexão sobre os compromissos dos coordenadores pedagógicos é importante que eles distingam currículo como caminhar de currículo como registro.

O currículo como caminhar refere-se ao conjunto de relações que efetivamente ocorrem na escola. Relações cotidianas que resultam de confrontos, conflitos, acordos, entendimentos e desentendimentos. Tal conjunto abarca ainda desejos, valores e o cumprimento contraditório de regras, de leis e de intenções.

O currículo como caminhar é o mesmo que currículo como experiência, e esta é sempre única, posta a cada dia, intensa, transbordante de qualquer enquadramento, intenção ou fotografia. Experiência é sempre maior que a narrativa sobre ela e mais difícil de delimitar.

Nesse transbordar da experiência, os coordenadores travam sua luta diária em choque com suas próprias necessidades corporais, afetivas, políticas, educacionais e as mesmas necessidades de crianças e jovens, dos diretores, dos professores, das famílias dos estudantes, dos funcionários e dos gestores do sistema ao qual pertencem como profissionais. Nada fácil!

Um dos compromissos importantes dos coordenadores é orientar os professores na transformação do currículo experiência em currículo registro. Porque a história do caminhar, da experiência não se faz sem registros. Porque registrar colabora para aperfeiçoar a caminhada. Porque os registros permitem sistematizações dos aprendizados e grafar os combinados. Permitem explicitar e rever sentidos do caminhar.

Currículo como registro da experiência escolar pode se desdobrar em dois grandes tipos de textos ou documentos: os planos e os relatos. Por sua vez, cada um desses tipos desdobra-se em muitos outros. Os planos são identificados como projetos, mapeamentos ou ainda programas ou programações. Os relatos desdobram-se em relatórios, diários, artigos.

O currículo como projeto deve registrar:
1. A filosofia para determinada escola: princípios, intenções.
2. A organização temporal das ações.
3. As áreas do saber, as disciplinas ou matérias.
4. Os planos de trabalho dos diferentes atores.
5. As propostas de avaliação das ações.
6. A descrição do processo de elaboração do projeto: dificuldades, superações. Vale a pergunta: foi um processo efetivamente coletivo?

O currículo como projeto deve explicitar ao máximo as intenções e os objetivos dos integrantes da escola com opção negociada, eleita e legitimada por todos, conscientes de que a versão finalizada e aprovada é a melhor para o momento, podendo ser avaliada e revista ou substituída a partir da experiência, do currículo como caminhar.

O currículo como relato da experiência escolar não pode limitar-se ou ser reduzido aos relatórios burocráticos que são guardados em gavetas nunca mais abertas para reflexão, avaliação e aprendizados. O currículo como relato da experiência é sempre menor que a experiência, por isso exige decisão dos autores sobre recortes a ser privilegiados em cada narrativa.

Os relatos abarcam desde diários individuais, absolutamente pessoais, a partir dos quais os diferentes integrantes selecionarão o que mostrar nos encontros e rodas de reflexão, até documentos mais coletivos para informar aos gestores do sistema e às famílias, para usos internos à escola e para publicações a outros coletivos. Para tanto, os relatos podem se traduzir em artigos e relatórios, em boletins periódicos, em revistas e jornais. Vídeos, fotos e filmes incluem-se nessa perspectiva.

Os tradicionais diários de classe, que raros educadores gostam de preencher, por se tratar de instrumentos meramente burocráticos, fadados a nunca ser analisados, podem e devem ser substituídos por formas de registrar criadas pelos próprios professores. A consciência de que existem registros como cadernos de campo, que são íntimos, privados e fontes de registros publicáveis, pode ajudar os professores a liberar palavras, imaginação e habilidade de narrar o que vivem com seus estudantes, descobrindo sentidos para suas experiências.

Sabemos que muitas são as dificuldades para a produção coletiva dos projetos de escola e para a elaboração pessoal e de grupos dos relatos sobre o currículo como caminhar. Sabemos que os educadores em geral alegam falta de tempo para registrar e analisar registros. Mas sabemos também que é tarefa dos coordenadores pedagógicos valorizar tais registros e inventar formas de mobilizar professores para serem autores de narrativas produtoras de sentido sobre a experiência escolar.

O grande segredo para uma motivação nessa direção é não exigir registros que ninguém vai ler, mas solicitar narrativas que permitam ajudar a cada um no encontro com todos.

O coordenador pedagógico como educador

Fundamenta nossas afirmações acima a ideia de que os coordenadores pedagógicos são educadores e pesquisadores. Nesse item, destacamos o *ser educador* presente no compromisso dos coordenadores.

Ser educador dos professores é uma tarefa colocada em segundo plano no cotidiano adverso da maioria das escolas. O imediatismo das respostas aos sistemas, a burocratização dos documentos e das ações, a hierarquização das relações, as vaidades pessoais, as queixas salariais e as condições precárias de trabalho ameaçam permanentemente a educação que se dá na escola, paradoxalmente em um espaço programado para a educação.

O *ser educador* exige dos coordenadores uma análise cuidadosa sobre pressupostos, procedimentos e instrumentos utilizados para a comunicação que garanta crescimento intelectual, afetivo e político dos professores e dos próprios coordenadores também.

Considerando os coordenadores como educadores, destacamos pressupostos, procedimentos e instrumentos que constituem seu compromisso, no quadro que se segue.

Pressupostos	Procedimentos	Instrumentos
Todas as pessoas da escola merecem viver processos de aprender e ensinar.	Ouvir os professores e os alunos.	Registros sobre experiências, sobre narrativas selecionadas pelos professores, com destaque de problemas identificados e de conquistas.
Todos criam palavras sobre o que vivem na escola. Quais são elas?	Intervir, criticando e corrigindo eticamente.	Mapeamentos de representações/ opiniões/saberes de alunos e professores e diagnósticos de contextos.

Pressupostos	Procedimentos	Instrumentos
Na escola da experiência, agir, pensar, sentir e aprender se integram.	Planejar coletivamente o processo de formação, contemplando escutas e necessidades identificadas além da escuta.	Análises dos mapeamentos e dos registros das experiências.
O fazer/saber educacional não está dado em manuais.	Construir rotina de crescimento intelectual, afetivo e cidadão.	Estudos de casos para problematização de processos.
Todo ser humano tem direito a ser corrigido.	Construir autonomia em processos negociados.	Elaborar registros identificando/ explicitando objetivos a ser conquistados pessoal e coletivamente.
A vida está cada vez mais difícil: precisamos nos ajudar.	Avaliar coletiva e individualmente o processo de formação.	Elaborar levantamentos e análises de cada contribuição e de cada avanço para compor o projeto de todos.

Advertimos que o quadro acima não deve ser lido considerando-se uma correspondência linear e imediata entre pressupostos, procedimentos e instrumentos. Um mesmo pressuposto pode ser associado a dois ou mais procedimentos e um mesmo instrumento pode ser utilizado para dois ou mais procedimentos. O importante é que os coordenadores se perguntem por seus pressupostos e pelos procedimentos deles decorrentes e questionem se estão construindo instrumentos que de fato auxiliam seu processo como educadores dos professores.

Os saberes necessários ao desenvolvimento dos pressupostos, procedimentos e instrumentos podem ser classificados em três grandes grupos: das relações interpessoais e sociais; das teorias pedagógicas; das políticas públicas do campo educacional.

No campo das *relações interpessoais e sociais* temos conteúdos como: dialogicidade, na qual destacamos escuta e suas dificuldades; negociação; convivência em conflitos; exclusão social; relações democráticas na escola, na família e na sociedade; curiosidade para aprender com o outro; superação de egocentrismo e vaidades que impedem abertura ao outro; autoconhecimento com profundo exercício de autopercepção; percepção do outro enquanto outro, como ser de experiência, conforme nos ensina o professor Jorge Larrosa em seu livro *Pedagogia profana: danças, piruetas e mascaradas*, que indicamos em nossa referência.

No campo das *teorias pedagógicas* temos as teorias sobre currículo, sobre avaliação, além de todo o campo da psicologia da educação, pelo menos com os quatro autores clássicos: Jean Piaget, L. Vygotsky, Henry Wallon e Howard Gardner; temos ainda as teorias em didática, com destaque para Paulo Freire e a crítica à educação bancária.

No campo das *políticas públicas* vale o destaque sobre a importância de conhecer e analisar as diretrizes curriculares atuais, oficiais e não oficiais, que resultam de proposições dos movimentos e campanhas de educadores, de conhecer e analisar questões centrais da cultura contemporânea que exigem incorporação curricular, e conhecer, debater e propor a respeito de demandas atuais para escola.

O coordenador educador é um leitor: de seus professores, dos estudantes, da comunidade na qual está inserida a escola, da cidade, do país, do mundo contemporâneo. Mas antes de tudo é um leitor de si mesmo, de seus pressupostos, seus limites, suas dores, suas conquistas e seus aprendizados. Um leitor de sua experiência.

Essa condição de leitor aponta para um outro lado de seu ser que passamos a pensar no item a seguir: o ser pesquisador.

O coordenador pedagógico como pesquisador

A palavra *leitor* tem dentro dela um sujeito de olhos prontos para a nitidez e ouvidos abertos ao outro com a postura mais afinada a perguntar do que a sentenciar.

O coordenador pesquisador é um fazedor de mapas, um autor de sinalizações. Fazedor de mapas sobre as representações e concepções dos professores, sobre as necessidades de formação desses professores e sobre as próprias, sobre o caminho percorrido pelos diferentes integrantes no interior da experiência curricular. E um mapa permite visualizações: das fronteiras, das distâncias, dos altos e baixos, das direções possíveis, dos obstáculos, dos caminhos.

Os saberes articulados por ele enquanto pesquisador podem ser:
1. Ler e analisar fatos, processos, posturas e bibliografias
2. Escrever/fotografar/desenhar/filmar
3. Selecionar e organizar informações
4. Alternar solidão e companhias
5. Permitir-se ser estudante

O pressuposto, já anunciado para o ser educador, de que a experiência escolar não está em manuais e exige sempre uma nova construção fundamenta e exige o ser pesquisador. O que vale para o educador professor vale para o coordenador educador: ser pesquisadores.

Trata-se de um destino marcado, de uma fatalidade para quem tem como pressuposto que educar é embarcar em encontro de conhecimento sem intenção de apropriação de uns pelos outros, sem intenção de plena identificação, mas com intenção de aprender com o outro enquanto outro, enquanto alguém que vai nos contar uma história que nunca ouvimos antes.

O pesquisador é aquele que se entrega ao não saber e nunca ao saber. É aquele que rompeu com a imagem do sabe-tudo para apresentar-se como alguém que quer saber tudo o que o outro possa oferecer. Ainda que em estranhamento, em diferença, em choque de referências ou valores. O estranhamento nos leva a perguntar sobre o que estranhamos e sobre o que nos é familiar. Sobre o que valorizamos e precisamos questionar e sobre o que valorizamos e precisamos preservar.

O entrelaçamento do educador e do pesquisador no corpo do coordenador pedagógico faz deste um gestor curioso sobre a experiência curricular. Estar curioso provoca o perguntar e procurar compreender como caminham os integrantes da escola nessa tarefa de desenrolar o currículo no caminhar cotidiano. O corpo que se torna pesquisador combate o imediatismo cotidiano que perturba os aprendizados, os bons pensamentos e as boas práticas. O pesquisador cria uma rotina e um lugar de parada para pensar, desenhar e ler os mapas e os sinais para seguir viagem. Planeja a rotina para transformar a experiência em aprendizado. E o aprendizado em experiência. Planeja escuta e intervenção a partir da escuta. Somente o corpo educador/pesquisador valoriza rotina e espaço de parar para aprender, construindo projetos de formação, projetos de duvidar e estranhar, projetos de ouvir e falar, projetos de encontrar autores, projetos de se encantar permanentemente com o conhecimento.

Para finalizar

Para concluir nosso artigo sugerimos algumas questões importantes para uma conversa dos coordenadores com eles mesmos, em casa, em silêncio, em profunda introspecção e escuta de si. São elas:

- ⇨ Como andam nossos tempos para ouvir, para estudar, para fazer nossos mapas?
- ⇨ Como estamos construindo o reconhecimento de nosso papel de educador/pesquisador na própria escola?
- ⇨ E a famosa resistência dos professores, das famílias, dos estudantes, dos funcionários? Como está? Como podemos construir espaços e palavras de comunicação com todos eles?
- ⇨ Que notícias temos sobre nossas lacunas de formação?
- ⇨ E nossa colaboração para a construção de melhores condições profissionais para os educadores? Superamos a condição de vítimas lamentadoras para ser pessoas que atuam na perspectiva de melhorias para todos?

Ainda queremos lembrar que os coordenadores educadores/pesquisadores são também animadores de almas, com o desafio de encher os corpos dos professores de vontade ética, aquela que faz cada pessoa querer o melhor para todas as pessoas. Isso requer mais que o preparo das reuniões de coordenação. Requer o preparo de si mesmo, espiritual e emocionalmente, para estar com o grupo, inteiramente entregue aos questionamentos e buscas. Para entregar-se ao aprendizado da coordenação.

Referência

LARROSA, Jorge. *Pedagogia profana*: danças, piruetas e mascaradas. Belo Horizonte, Autêntica, 2003.

Sugestões de leitura

APPLE, Michael. *Educação e poder*. Porto Alegre, Artes Médicas, 1989.

DOLL, Willian. *Currículo*: uma perspectiva pós-moderna. Porto Alegre, Artmed, 1993.

FAZENDA, Ivani. *Interdisciplinaridade*: história, teoria e pesquisa. Campinas, Papirus, 1995.

FREIRE, Paulo. *Pedagogia do oprimido*. 17. ed. Rio de Janeiro, Paz e Terra, 1987.

LARROSA, Jorge. Algumas notas sobre a experiência e suas linguagens. In: BARBOSA, Raquel L. L. (Org.). *Trajetórias e perspectivas da formação de educadores*. São Paulo, Ed. Unesp, 2004.

_____. *Linguagem e educação depois de Babel*. Belo Horizonte, Autêntica, 2004.

MORIN, Edgar. *Os sete saberes necessários à educação do futuro*. São Paulo/Brasília, Cortez/Unesco, 2000.

MORIN, Edgar (Org.). *A religação dos saberes*: o desafio do século XXI. Rio de Janeiro: Bertrand Brasil, 2001.

POPKEWITZ, T. História do currículo: regulação e poder. In: SILVA, T. T. *O sujeito da educação*. Petrópolis, Vozes, 2001.

RANCIÈRE, J. *O mestre ignorante*. Belo Horizonte, Autêntica, 2011.

SANTOMÉ, Jurjo Torres. *Globalização e interdisciplinaridade*: o currículo integrado. Porto Alegre, Artes Médicas, 1998.

SILVA, T. Tadeu. *Documentos de identidade*: uma introdução às teorias do currículo. Belo Horizonte, Autêntica, 2002.

SILVA, T. Tadeu, MOREIRA, A. F. Barbosa (Org.). *Territórios contestados*: o currículo e os novos mapas culturais. Petrópolis, Vozes [s.d.].

VEIGA-NETO, Alfredo. Currículo e interdisciplinaridade. In: MOREIRA, A. F. B. (Org.). *Currículo*: questões atuais. Campinas, Papirus, 1997.

Passagem de professor a professor coordenador: o choque com a realidade[1]

Cristiane Groppo[2]
cris.groppo@gmail.com

Laurinda Ramalho de Almeida[3]
laurinda@pucsp.br

Introdução

Na rede de ensino estadual paulista, uma das funções que o docente pode exercer é a de professor coordenador. Função e não cargo, isto é, não passa por um concurso público para ser efetivado, embora tenha que atender a certos requisitos: ter três anos de efetivo exercício no quadro do magistério, possuir licenciatura plena em qualquer área e ser aprovado em um processo de seleção. Após designado, o novo professor coordenador passa a exercer a função, não mais responsável por uma sala de aula, mas responsável pelo cumprimento dos objetivos propostos e aprovados que envolvem toda a equipe escolar (da escola onde já atuava ou de uma nova escola).

---

1. Este texto é uma retomada da comunicação feita no GT 20, 31ª Reunião Anual da ANPED, em 2008.
2. Supervisora da rede estadual de ensino de São Paulo e mestre em Educação: Psicologia da Educação, pela PUC-SP.
3. Professora doutora do Programa de Estudos Pós-Graduados em Educação: Psicologia da Educação, vice-coordenadora do Programa de Mestrado Profissional em Educação: Formação de Formadores, ambos da PUC-SP, e orientadora da dissertação de mestrado em que este texto está fundamentado.

Em nossa percepção, o início da carreira tem sido árduo para muitos professores coordenadores. Acostumados a cuidar da sua própria sala de aula, passam a conviver com uma diversidade imensa de obrigações e a visualizar não somente a sua classe, mas também o conjunto de classes de uma escola, com toda a sua complexidade, inserida em um sistema escolar mais amplo. O momento da passagem do papel de professor para o de professor coordenador é, via de regra, um momento de turbulência afetiva. Discussões têm sido feitas sobre o "choque com a realidade" de professores iniciantes. Dá-se o mesmo com os professores coordenadores? O que os leva a procurar a nova situação de trabalho? Quais os sentimentos e emoções do professor antes de iniciar a função e quando se torna professor coordenador? Quais as situações indutoras para essas emoções e esses sentimentos? Com quem conta ele para facilitar essa passagem?

Estas questões nos instigaram a desenvolver uma investigação sobre a temática. Definimos, então, o objetivo da pesquisa: *identificar os sentimentos e emoções manifestados na passagem de professor para professor coordenador do período noturno na escola pública, nos dias que antecedem o início de suas atividades e nos primeiros meses na nova função, bem como compreender as situações indutoras desses sentimentos e emoções.*

A pesquisa

Participaram da pesquisa (GROPPO 2007) cinco professores coordenadores do período noturno de cinco escolas estaduais públicas de uma Diretoria de Ensino da grande São Paulo, três do sexo feminino e dois do sexo masculino, com idades entre 33 e 48 anos e tempo de magistério de 6 a 24 anos. Todos os profissionais passavam pela experiência de coordenação pela primeira vez em sua trajetória na educação; serão aqui chamados de Luíza, Fernando, Mateus, Júlia e Carolina.

Quanto às escolas dos entrevistados, uma está situada no centro, enquanto as outras se localizam na periferia da cidade. O número de alunos nas unidades escolares varia de 967 (de Fernando) a

2.377 alunos (de Júlia), somando-se os três períodos: manhã, tarde e noite.

Ao considerarmos a afetividade como elemento constituinte da pessoa do professor coordenador, o referente teórico que nos pareceu mais adequado foi a teoria de desenvolvimento de Henri Wallon[4] (WALLON 1975; 2007), teoria cujo eixo principal é a integração em dois sentidos: do organismo meio e dos conjuntos funcionais. Nessa teoria, os conjuntos ou domínios funcionais compõem o psiquismo humano: "os domínios funcionais entre os quais vai se distribuir o estudo das etapas que a criança percorre serão portanto os da afetividade, do ato motor, do conhecimento e da pessoa (WALLON 2007, p. 117). São estudados separadamente apenas para efeito de descrição, o que "não pode ser feito sem certa artificialidade" (WALLON 2007, p. 113). Fazemos esta observação porque neste trabalho vamos nos referir principalmente ao domínio ou conjunto afetividade, mas considerando sempre que afetividade, cognição, ato motor estão imbricados e só podem ser vistos em termos de preponderância, e não de exclusividade.

A afetividade postulada pela teoria é a disposição que tem o ser humano de ser afetado pelo mundo externo e interno a partir de sensações agradáveis ou desagradáveis. Na evolução da afetividade, aparecem: emoções (o predomínio é da ativação fisiológica), sentimentos (o predomínio é da ativação representacional) e paixão (o predomínio é da ativação do autocontrole).

Por serem a identificação de sentimentos e emoções e as respectivas situações indutoras o objetivo principal deste estudo, consideramos a entrevista o meio adequado para a busca de dados. Esse procedimento tem a vantagem de favorecer uma relação interativa entre entrevistador e entrevistado, atendendo ao alerta de Rey (1999) de que nas ciências humanas o que se apresenta é um sujeito interativo, motivado, intencional.

---

4. Henri Wallon nasceu em Paris em 1879 e faleceu na mesma cidade em 1962. Teve intensa atuação nos movimentos sociais de sua época. Foi médico, psicólogo, pesquisador, educador.

As entrevistas feitas com os professores coordenadores ocorreram em dois momentos: o primeiro para captar histórias de vida dos depoentes e o segundo para devolutiva dos dados obtidos no primeiro momento e para captar sentimentos e emoções (e situações indutoras) envolvidos na mudança de função. A primeira entrevista teve como questão desencadeadora: "Conte um pouco da sua vida, do seu processo de escolarização e as razões da escolha do magistério". A entrevista produziu extenso material e foi utilizado o biograma como meio de organização dos dados coletados e para sua devolutiva. Biogramas são sínteses esquemáticas dos acontecimentos relatados para mapear as trajetórias biográficas, profissionais (BOLÍVAR 2002). O biograma de cada professor coordenador foi ordenado em seis colunas, em ordem sequencial: fases (da formação e da trajetória profissional), ano, idade, tempo de docência, acontecimentos e valoração (das situações relatadas). Foi preenchido conforme a cronologia: dos primeiros anos relatados até os fatos mais recentes. Na devolutiva (SÁ, ALMEIDA 2004), o entrevistado era convidado a preencher as lacunas que o primeiro momento da entrevista havia deixado, indicar alterações necessárias, relacionar acontecimentos marcantes de sua trajetória. Conhecer o percurso dos professores coordenadores auxiliou a entender, muitas vezes, a razão de certas atitudes e a sua maneira de pensar.

O que os depoimentos revelaram

A trajetória profissional e pessoal

As histórias de vida dos cinco depoentes permitiram compreender os conhecimentos trazidos para a função de professor coordenador. É a sua bagagem, é a experiência que cada um carrega consigo.

Comparando as histórias de vida relatadas pelos entrevistados, duas situações sobressaem: os sentimentos de tonalidades agradáveis aparecem com maior frequência quando o recém-chegado tem sua formação toda voltada para a área educacional (Luíza, Júlia e Fernando) e/ou quando o entrevistado começou muito jovem como docente e em sua trajetória profissional lecionou desde a educação infantil até o ensino médio (Luíza). Luíza apresenta um olhar mais aguçado em relação ao grupo de professores em sua nova função. A experiência apurou o saber ouvir e o preocupar-se em desenvolver a parte pedagógica. Luíza, Júlia e Fernando manifestam sentimentos de satisfação, alegria e valorização, principalmente Luíza.

Por outro lado, na segunda situação está Mateus, cuja formação foge da área educacional (fez somente complementação pedagógica) tem experiência profissional voltada para a empresa (na rede bancária). Mateus, em seu depoimento, revela preocupação maior com a parte administrativa do que com a pedagógica. Em certas atividades, na nova função, o nosso entrevistado demonstra inquietação e desapontamento quando os professores não entregam as tarefas solicitadas por ele, basicamente de secretaria de escola.

Cabe destacar que Carolina passou por inúmeras dificuldades ao longo de sua trajetória. Expressa, porém, que as intempéries da vida, as dificuldades não a desanimaram, pelo contrário, fizeram-na mais forte e sem medo de enfrentar as mudanças. Considerando-se uma profissional que enfrenta o novo, sente-se desanimada quando sua equipe docente rejeita conhecer novas propostas de ensino.

Ao analisarmos a trajetória profissional até a chegada a professor coordenador, o que sobressai é o valor da experiência, acumulada ao longo do tempo, na docência. Esta dá maior segurança para enfrentar os novos desafios da função.

Os sentimentos e emoções envolvidos na mudança da função

Uma primeira constatação ao ler os depoimentos é que nenhum entrevistado havia pensado em ser professor coordenador. O sentimento de indiferença prevaleceu em relação a almejar uma nova função. Então, se todos os participantes desta pesquisa não buscavam ser professores coordenadores, qual a razão para o fazerem? A resposta está no grupo. A decisão partiu da influência do corpo docente de cada escola. Os colegas incentivaram os depoentes a participar do processo seletivo, enfatizando que se eles fossem professores coordenadores fariam um bom trabalho; mais ainda: que seria bom se escolhessem a própria escola. É importante frisar que Luíza também foi influenciada por outro grupo: a família.

Na teoria walloniana, o grupo é o espaço de aprendizagem no qual a pessoa pode perceber-se, ou seja, tomar consciência do eu, através da confrontação com o outro. Isso significa que é nas relações com o outro que o sujeito reconhece suas dificuldades, limitações e fraquezas, bem como suas qualidades. E o grupo lhe impõe novos desafios. Afirma Wallon:

> A estrutura de um grupo não é uma soma de relações interindividuais. Se ele existe, sua existência deve-se, sem dúvida, à presença de seus membros e ao que eles lhe dão de si próprios. O grupo dependerá, então, do que eles são e do que fazem, mas, em troca, ele impõe suas exigências. Ele dá novas formas e objetivos específicos às atividades de seus membros. A decisão não é mais a resultante da escolha ou de atrativos puramente individuais, obedece a certos imperativos que dependem das tarefas, dos hábitos ou dos ritos do grupo (1986c, p. 177-178).

Dessa forma, sentimentos de indiferença pela função transformaram-se em sentimentos de pertencimento, valorização e satisfação. Os entrevistados, mesmo adultos com características diferentes dos jovens e adolescentes, porque já centrados em si e no outro, passaram a ter o desejo de estar na coordenação, com o entusiasmo da juventude: confiantes de que poderiam fazer algo de bom para a escola, transformá-la, inovar seu processo pedagógico. Em seu entusiasmo, construíram a escola ideal, com a certeza de que seria possível alcançá-la.

Uma segunda constatação, e lembrando que a teoria de Henri Wallon baseia-se numa visão não fragmentada do desenvolvimento humano, buscando compreender o indivíduo do ponto de vista da integração do ato motor, da afetividade e do conhecimento, no exercício da leitura e da comparação entre os relatos: percebe-se que os depoentes prepararam-se para exercer a função de professor coordenador levando em consideração mais a dimensão cognitiva.

Assim, os futuros professores coordenadores estudaram textos sobre as atribuições do professor coordenador, fizeram cursos oferecidos pela Secretaria Estadual de Educação e, para Carolina, ter finalizado a faculdade há pouco tempo ajudou na compreensão da função. No entanto, estudar, para os futuros professores coordenadores, tinha um objetivo evidente: ser selecionado. Preparar-se para exercer a função é estar em condições de ser aprovado e não se preocupar com a atuação, de fato, de um professor coordenador. Não houve, por exemplo, a preocupação em ler ou reler textos que propiciam o desenvolvimento de habilidades de relacionamento interpessoal.

Os depoimentos evidenciaram ainda que a preparação para tornar-se professor coordenador é um momento solitário, com cada profissional recluso em seus livros. Evidenciaram que os participantes dessa pesquisa não se deram conta da importância de que sua formação é também constituída no grupo e no ambiente escolar. Parece que a rotina da docência levou-os a se perceber cada um resolvendo os seus próprios problemas.

Segundo Wallon, "a formação psicológica dos professores não pode ficar limitada aos livros. Deve ser uma referência perpétua nas experiências pedagógicas que eles próprios podem pessoalmente realizar" (1975, p. 366). É certo que todos os entrevistados estão experimentando ser professor coordenador pela primeira vez. Entretanto, possuem conhecimento obtido pela prática do dia a dia na docência, o que revelam na trajetória. A teoria e a reflexão sobre as experiências vividas seriam igualmente importantes na preparação para exercer a função de professor coordenador, mas os depoentes não citam tal fato. Se, por um lado, a experiência vivida não foi mencionada em relação à preparação para tornar-se professor coordenador, as experiências alheias (dos pares) passaram a ser uma fonte rica para o processo de aprendizagem na nova função quando passaram a exercê-la.

O sentimento de confiança predominou no depoimento dos cinco professores coordenadores ao falarem da preparação para a função. A leitura de materiais relacionados à atribuição do trabalho e ao conhecimento da escola em que iriam atuar parecia lhes permitir agir com segurança.

No entanto, a designação revelou-se um processo rápido. Segundo relatos dos depoentes, entre o desejo de estar na função e vir a ser professor coordenador passou-se de uma semana a um mês.

Esse curto intervalo justifica, em parte, o excesso de confiança que os levou a dizer que conheciam o trabalho ou que não é necessário preparar-se para atuar. Não foram preparados para pensar na responsabilidade que viria a ser a designação de professor coordenador. Ao entrar na função, sentimentos de confiança e indiferença deram logo lugar a sentimentos de tonalidades desagradáveis, porque verificaram que ser professor coordenador não é tão simples como parecia ser e que as orientações recebidas, apenas no plano cognitivo, não foram suficientes. Luíza, por exemplo, relata que a oportunidade de ler um documento oferecido pela vice-diretora ajudou-a a compreender melhor as atribuições de professor coordenador. Mas, apesar da disposição da gestora de entregar material a fim de esclarecer suas dúvidas na nova função, não houve preocupação em atender às suas necessidades e às suas exigências de afeto. Nesse momento de transição de professor para professor coordenador, Luíza não foi observada como uma pessoa completa, com afetos e cognições. Se a gestora olhasse atentamente para Luíza e suas necessidades, a orientação seria um momento de encontro entre as duas. Encontro no sentido de estabelecer um clima afetivo, para que ela pudesse expor suas indecisões e angústias, suas satisfações e alegrias; seria um momento de ouvir/falar.

Os professores coordenadores, no início de suas atribuições, foram se percebendo solitários e tentaram compreender sozinhos a função: lendo e participando de cursos fora do ambiente de trabalho. Mas nossos entrevistados não demonstraram reações perante a falta de uma orientação mais humana, baseada nas relações interpessoais, não se deram conta disso. Mantiveram a consolidação do processo pelo qual passaram na docência, ou seja, cada um é responsável por si próprio.

Outra possibilidade que os recém-chegados à função perceberam para sair do isolamento foi recorrer aos colegas também professores coordenadores do período diurno e até mesmo de unidades diversas. O intuito de comunicar-se com outros profissionais foi para atravessar a fase de confusão, de imperícia, típica do início de uma nova etapa na carreira. Na teoria walloniana, situações de imperícia provocam a falta de contornos adequados à ação esperada. Situação semelhante ocorreu nos professores coordenadores iniciantes. A confusão, a consciência nebulosa de não saber suas atribuições, do eu depender da vontade do outro geraram a necessidade de imitar. Então, passaram a interessar-se por outras pessoas e procurar conhecê-las melhor no objetivo de afirmar-se como profissionais.

Wallon argumenta que na imitação "a criança não se dirige a todos indistintamente, mas às pessoas que, por um motivo qualquer, se impõem a ela. Originalmente é um desejo mais ou menos total de se unir às pessoas por uma espécie de participação afetiva" (WALLON 1986a, p. 100). Também com o adulto isso acontece. Dessa maneira, os professores coordenadores passaram a imitar outros coordenadores para serem aceitos pelo grupo, imitação de pessoas que possuíam conhecimento e experiência que, de alguma forma, serviriam de recurso para sua atuação.

Os primeiros contatos dos professores coordenadores principiantes em sua nova realidade levaram tanto a sentimentos de tonalidades agradáveis quanto a tonalidades desagradáveis, e as situações indutoras referem-se ao acolhimento concedido ao recém-chegado, ao comprometimento da equipe docente no processo de formação e às situações de conflitos entre os envolvidos na unidade escolar.

Os novos professores coordenadores tiveram uma boa receptividade da equipe docente, fato que possibilitou o surgimento de sentimentos de alegria. Embora a recepção tenha sido positiva, as interações identificadas durante o período de formação ou nas reuniões de HTPC (Horário de Trabalho Pedagógico Coletivo) manifestaram-se de diferentes formas. Para Luíza, Júlia e Fernando, os encontros permitiram verificar um acolhimento verdadeiro, ou seja, uma equipe docente preocupada em auxiliar o recém-chegado professor coordenador e desenvolver com ele um bom trabalho. Para Mateus e Carolina, os primeiros contatos tão calorosos e amigáveis transformaram-se em relações pautadas por desinteresse, pela falta de um olhar mais aguçado para as necessidades afetivas do novo elemento da equipe.

Diferentes situações foram reveladas pelos entrevistados nos primeiros meses de trabalho, e delas decorreram diferentes sentimentos:

— dependência dos professores, esperando do profissional a resolução de todas as situações; nesses casos os sentimentos de tonalidades desagradáveis são representados por tristeza, mágoa, insatisfação do professor coordenador;
— expectativa de acompanhamento do professor em serviço, num sentido amplo, tanto na oferta de conhecimentos pedagógicos ao grupo docente quanto para ouvir seus problemas individuais, que envolvem angústias, depreciações, resistências. Envolver-se com os sentimentos dos professores traz um certo cansaço, um desânimo de tudo ser canalizado na figura do professor coordenador. Cabe lembrar que o professor coordenador do período noturno já passou por inúmeros afazeres antes de chegar à escola. Por uma questão financeira, todos os entrevistados relataram ter uma segunda ou até terceira ocupação além da coordenação. Chegam a trabalhar oito horas durante o dia e, somando-se o noturno, totalizam treze horas de trabalho diariamente, jornada de trabalho que nem sempre permite ao professor coordenador condições de comprometer-se em relação aos sentimentos do grupo docente;
— situações de conflitos[5] que envolviam professores e alunos, o que acarreta sentimentos de tonalidades desagradáveis. O professor coordenador é visto como a pessoa mais indicada pela equipe escolar para resolver os conflitos. O professor coordenador recém-chegado à função que nos primeiros dias se vê no meio de desacordos abrangendo o corpo docente e discente da unidade escolar não tem ainda um "saber fazer" para essas situações. Sua atuação até então era só com alunos, em sala de aula. Indecisos, inseguros, os entrevistados relatam que tentaram resolver os problemas gerados utilizando-se do arsenal adquirido em sua atividade docente.

---

5. Conflito no sentido de batalhas e colisões que ocorrem entre duas ou mais pessoas, e não no sentido walloniano.

Ao tentar resolver as situações conflituosas, os professores coordenadores foram embebidos pela emoção. Segundo Wallon (1975), "a emoção tem o poder de invasão, que precede toda reflexão". Nos relatos, aparecem as três propriedades da emoção descritas pela teoria de Wallon: contagiosidade, plasticidade e regressividade. Os entrevistados contagiaram-se pelas circunstâncias, deixando-se levar pelas atitudes de alunos e professores. Irritados, magoados, desapontados, não conseguiram manter o predomínio cognitivo e tiveram dificuldade em reagir coerentemente a fim de compreender as razões dos embates dos envolvidos.

Neste percurso inicial, em alguns momentos dos relatos, ficou evidente o arrependimento de tornar-se professor coordenador. Após a designação começam as dúvidas, outras funções vão se agregando ao coordenador, e o trabalho torna-se cada vez mais complexo, abrangendo todos os agentes escolares, alunos e comunidade. Os recém-chegados professores coordenadores sentem-se solitários na nova função. Em quem apoiar-se? A quem pedir ajuda? Frisam o quanto seria proveitoso se tivessem recebido ajuda neste delicado momento. Queixam-se da falta de tempo decorrente da organização escolar e das condições de trabalho.

A indisciplina dos alunos, por exemplo, é citada várias vezes pelos depoentes de escolas localizadas no subúrbio, ao contrário do entrevistado que coordena uma unidade no centro do município. Concordamos que existem escolas de periferia onde o índice de violência é alto, e que via de regra as escolas que estão situadas em local privilegiado têm mais recursos, sobretudo lazer e segurança, mas este não é o único fator responsável pela indisciplina, o que não perceberam os novos coordenadores.

O meio também influencia o desvio da função quando se refere a uma escola de grande ou pequeno porte. O desvio de função, apontado como causador de frustrações e decepções, além da falta de uma organização interna é fruto de um sistema que pouco colabora com o desenvolvimento da pessoa do professor coordenador. Nas escolas de grande porte há somente um professor coordenador no período noturno, que se responsabiliza pelo atendimento de trinta ou quarenta professores e de oitocentos ou novecentos alunos. Já nas escolas de pequeno porte, o número reduzido de alunos faz a quantidade de funcionários diminuir, contribuindo ainda mais para o desvio de suas atribuições. Por recair sobre seus ombros toda a responsabilidade pedagógica da unidade escolar e outras mais, que não deveriam ser suas, qual a qualidade do trabalho que poderiam realizar? A escola real apresenta-se bem diferente da escola pensada quando se propuseram a atuar na nova função.

Considerações finais

A pesquisa aqui relatada teve como objetivo identificar os sentimentos e emoções manifestados na mudança de função de professor para professor coordenador, nos dias que antecedem o início de suas atividades e nos primeiros meses na nova função, bem como compreender suas situações indutoras. Buscou compreender como se dá o "choque com a realidade" quando o coordenador iniciante se depara com a realidade da coordenação. Cumpre registrar que, embora meia década tenha se passado desde sua realização, o contato com novos professores coordenadores nos faz acreditar que os dados da pesquisa valem para hoje.

Sintetizando, antes da entrada na função de professor coordenador prevalecem os sentimentos de tonalidades agradáveis que ainda prevaleceram nos primeiros dias no exercício da função. Nos primeiros meses, já designados, preponderam os sentimentos de tonalidades desagradáveis.

Em linhas gerais, antes do início na função há uma sequência de fatos que acarretam sentimentos de indiferença, valorização, encorajamento e confiança, respectivamente.

- *sentimentos de indiferença pela função*: os professores, em sua maioria, não almejam ser professores coordenadores, o que os impulsiona é a influência do grupo docente ou da família;
- *sentimentos de valorização*: o aspirante à função, indicado por seus pares, passa a sentir-se valorizado pelo grupo. Percebe-se como alguém que faz diferença no grupo. Talvez pela sociabilidade, por liderança, conhecimento pedagógico, capacidade de articulação;

- *sentimentos de encorajamento*: a valorização do grupo traz, por consequência, um estímulo para experimentar tornar-se professor coordenador; na certeza de que algo pode ser feito por ele a fim de melhorar as condições de trabalho na unidade escolar;
- *sentimentos de confiança*: nesta fase, o docente está com a ideia fixa de concorrer à vaga de professor coordenador e convicto da sua chance de vencer, pois foi indicado pelo grupo. O aspirante prepara-se ou não para exercer a função de professor coordenador. Entretanto, permanece confiante em sua capacidade e pensa saber do trabalho a ser desenvolvido na escola.

Os sentimentos de confiança e segurança manifestados nos dias que antecedem a função são "quebrados" logo nos primeiros meses de designação, o que nos dá indícios da falta de uma formação adequada antes do ingresso do professor como coordenador ou no início do exercício. Isso não é responsabilidade dele, mas de políticas públicas. A formação, inicial ou continuada, seria de grande valor para o entendimento do complexo trabalho da coordenação.

Ao iniciar suas atividades, o recém-chegado professor coordenador depara-se com os vários elementos que abrangem a função e ocasionam, em grande parte, sentimentos de tonalidades desagradáveis. Esses sentimentos foram decorrentes:

- *da formação*: o professor coordenador com formação ou graduação que não seja a área educacional e que além da coordenação atua em outros setores profissionais apresenta dificuldades ao desenvolver o trabalho na função;
- *do meio social*: a falta de um acolhimento autêntico na chegada do novo professor coordenador acarreta sentimentos de mágoa, tristeza, insatisfação. No processo de formação dos professores, principalmente nas reuniões de HTPC, o não comprometimento e o não envolvimento da equipe docente fazem o recém-chegado professor coordenador estar diante de grupos que criticam sem fundamentação e aqueles que apenas ouvem e se acomodam. Enfrenta ainda situações de conflitos

que geram transformações no professor coordenador. Logo no início de sua função, o professor coordenador depara-se com situações conflituosas. O profissional decepciona-se, sente raiva e irritação ao tentar resolver esses embates;

- *da questão financeira*: uma característica dos professores coordenadores do noturno é a dupla ou tripla jornada; assim, eles já passaram por inúmeras atividades durante o dia. As relações interpessoais, em certos casos, podem ser dificultadas pelo cansaço e pelo desânimo do professor coordenador;
- *do aspecto organizacional*: o desvio de função é uma das principais causas de descontentamento por parte dos novos professores coordenadores. Assim, a parte pedagógica fica prejudicada e conhecer o grupo docente é uma tarefa difícil de ser alcançada.

Os sentimentos de tonalidades desagradáveis talvez expliquem a rotatividade de professores coordenadores na rede pública estadual paulista. A descontinuidade das ações na escola em decorrência desse fato é danosa. Sai um profissional, entra outro, e o processo se reinicia, pois cada um carrega consigo a bagagem de experiência adquirida na escola.

Se a administração pública entender[6], como nós o fazemos, que a função de professor coordenador é fundamental na escola, na articulação das ações do grupo docente, na elaboração, na implementação e na avaliação da proposta pedagógica da escola para formação dos professores, deve oferecer condições para a realização de suas atividades. Condições que fortaleçam seu papel na escola e lhe permitam promover intervenções adequadas e proveitosas para a qualidade do ensino. Essas condições referem-se não somente a ele, professor coordenador, em termos de gratificação salarial e disponibilidade de exercer seu papel especifico de formador, articulador e transformador, o que implica formação inicial e continuada, bem

---

6. A partir da reorganização da Secretaria Estadual de Educação de São Paulo pelo decreto 57141/2011 foram propostos "Mecanismos de Apoio à Gestão Pedagógica".

como em relação à escola, para propiciar espaços de trabalho coletivo e condições objetivas para que o coordenador possa acompanhar de perto o trabalho de seus professores.

Referências bibliográficas

BOLÍVAR, A. *Profissão professor*: itinerário profissional e a construção da escola. Bauru, EDUSC, 2002.

GROPPO, C. *De professor para professor coordenador*: sentimentos e emoções envolvidos na mudança. Dissertação (Mestrado em Educação: Psicologia da Educação). São Paulo, Pontifícia Universidade Católica, 2007.

REY, F. G. *La investigación cualitativa en psicología*. São Paulo, Educ, 1999.

SÁ, M. A. S., ALMEIDA, L. R. Devolutiva de entrevistas: o biograma na pesquisa em educação. *Psicol. Educ.* (on-line), n. 19 (2004) 185-192. Disponível em: <http://pepsicbvsalud.org/scielo.php?script=sci_arttext&pid=S1414-69752004000200010&nrm=iso>.

WALLON, H. *Psicologia e educação da infância*. Lisboa, Editorial Estampa, 1975.

_____. Do ato ao pensamento: imitação e representação. In: WEREBE, M. J. G., BRULFORT, J. N. *Henri Wallon*. São Paulo, Ática, 1986a.

_____. O papel do outro na consciência do eu. In: WEREBE, M. J. G., BRULFORT, J. N. *Henri Wallon*. São Paulo, Ática, 1986b.

_____. Os meios, os grupos e a psicogênese da criança. In: WEREBE, M. J. G., BRULFORT, J. N. *Henri Wallon*. São Paulo, Ática, 1986c.

_____. *A evolução psicológica da criança*. São Paulo, Martins Fontes, 2007.

Estratégias viabilizadoras da "boa formação" na escola: do acaso à intencionalidade

Lilian Pessôa[1]
lilipessoa@hotmail.com

Maria do Céu Roldão[2]
mrceuroldao@gmail.com

Que o "bom ensino" produz melhor aprendizagem, ninguém provavelmente discordará. A discordância surge quando quiser se chegar a acordo sobre o que é "bom ensino" (OLIVEIRA-FORMOSINHO 2009, p. 228).

A provocação expressa na epígrafe não nos é estranha. Muito pelo contrário, é bastante familiar. Contudo, a pertinência de sua essência remete-nos ao objetivo primeiro da educação, aquele a partir do qual tantos outros se originam: o "bom ensino". O julgamento daquilo que é *bom* ou *mau*, entretanto, fica diluído na compreensão individual, esmaecido na particularidade da esfera pessoal. Daí a diversidade de compreensões referidas pela autora, que, acrescentamos

---

[1]. Doutoranda em Educação: Psicologia da Educação na PUC-SP (bolsista Capes – Proc. 17944/12-0) e professora na Universidade Paulista.
[2]. Doutora em Teoria e Desenvolvimento Curricular pela Simon Fraser University, Vancouver, Canadá, e professora associada convidada na Universidade Católica Portuguesa, Porto.

nós, também dificulta o trabalho de professores e coordenadores pedagógicos, entre outros que atuam na educação escolar. Sem querer desmerecer as construções pessoais, quais sejam, conceitos, convicções, valores, opções, crenças etc. (construções que afetam o entendimento tanto sobre o que é "bom" como sobre o que é "ensino"), centramo-nos no fato de que é preciso resgatar o sentido do "ensino na escola". Não se trata de um embate entre o pessoal e o escolar, mas, antes, de ter a clareza de que estas são dimensões muito diferentes, apesar de mutuamente implicadas, e que por isso mesmo precisam ser entendidas considerando-se suas especificidades. Se não houver um acordo sobre o que é "ensino no âmbito escolar", como será possível traçar metas, estabelecer estratégias, criar formas de avaliação com a finalidade de instituir o "bom ensino"?

Do mesmo modo, quando nos referimos à formação (e sabemos que perseguimos a "boa formação"), é preciso saber o que se entende por tal, ou seja, a que nos remete, o que nos exige, por que a realizamos, enfim, o que queremos alcançar com a condução desse processo. Assim, de início, apresentamos nossa compreensão sobre "formação centrada na escola", para que tal entendimento possa servir de "lente" na leitura deste texto. Adotamos aqui a concepção de Canário (apud MACHADO, FORMOSINHO 2009, p. 295), que situa a formação para além da necessidade de suprir carências (sentidas na formação inicial, no desenvolvimento de competências, no domínio de técnicas, na ampliação do conhecimento sobre referenciais teóricos...), compreendendo-a como

[...] um processo individual e colectivo, em contexto, de transformação de representações, de valores e de comportamentos, por parte dos professores que colectivamente aprendem, produzindo novas formas de acção individual e colectiva.

A esta definição acrescentamos nós que as transformações citadas pelo autor não ocorrem somente por parte dos professores (formandos), mas também por parte dos formadores, que, na dinâmica de relações estabelecidas no processo formativo, também refletem sobre suas ações e produzem continuamente novas formas de atuação. Acreditamos ser este o sentido que a formação no contexto escolar deve percorrer.

Uma vez apresentada nossa compreensão sobre a formação, necessário se faz retomar a discussão sobre o "bom ensino", visto que este constitui a essência da ação docente e, portanto, é nele que as transformações ou inovações, propiciadas por meio da formação, incidem. Para tanto, vamos analisar uma situação cotidiana na atuação do coordenador pedagógico. Imagine que o coordenador de uma escola de ciclo I constate que os professores que ali atuam estão encontrando dificuldades no ensino da multiplicação, uma vez que o rendimento dos alunos tem sido aquém do esperado nesse quesito. Na sessão de formação que realiza na escola, esse coordenador expõe a problemática e provoca uma discussão para, de forma conjunta, encontrar formas de reverter a situação, isto é, tornar o ensino da multiplicação efetivo. Ao final da discussão, o coordenador percebe que, apesar dos diferentes argumentos e exposições apresentados pelos professores, estes se encontram divididos em basicamente dois grupos: o primeiro acredita que se deve investir na organização de jogos e gincanas para que, de modo divertido e descontraído, os alunos possam usar os conceitos de multiplicação (não parecem entender a necessidade de dar condições aos alunos de realizar a transposição daquilo que foi "ensinado" nas aulas para as situações concretas da vida — sejam elas lúdicas ou não); o segundo grupo acredita que os conceitos devem ser retomados, levando-se em consideração situações que os alunos já vivenciaram (como, por exemplo, querer comprar pelo menos dez figurinhas e ter que descobrir quantos pacotes precisará, já que em cada um deles há três unidades) para, a partir delas, ampliar e sistematizar os conceitos de multiplicação.

Essa situação de formação permite perceber a diferença significativa sobre a compreensão de ensino entre o primeiro e o segundo grupo quando nos dispomos a refletir sobre o que propõem. O primeiro grupo demonstra uma preocupação com a questão lúdica, com a relação da criança com o brincar e, portanto, parece crer que se, após a explicação, propiciar atividades em que estes aspectos estejam presentes os alunos aprenderão e, portanto, estará oferecendo-lhes um "bom ensino". O segundo grupo, por sua vez, apresenta uma preocupação em tornar o ensino significativo[3] para o aluno, de forma que os conceitos ensinados na escola possam ser compreendidos a partir de seu cotidiano[4], o que lhe dará melhores condições para que outros aspectos dessa situação que lhe é próxima possam ser aprendidos. Para esse grupo, portanto, o "bom ensino" deve ser significativo para o aluno de modo que mobilize aquilo que ele já sabe para alcançar aquilo que ainda não sabe.

Chamamos a atenção para o fato de que, para além do ensino da multiplicação, o coordenador encontra-se diante de uma questão conceitual sobre o que é o "ensino" e urge que esta seja tratada na formação para que a equipe docente possa organizar-se de forma coerente e sistematizada na direção do desejado "bom ensino", e o coordenador, por sua vez, organizar-se na direção da "boa formação".

As construções individuais sobre o que é "ensino" precisam estar em sintonia com o "ensino" que a escola (como organização) pretende oferecer; caso contrário, a ação do professor continuará vinculada ao isolamento, ficando os alunos à mercê de tais individualidades. É preciso que haja convergência entre ações individuais e coletivas, como observam Machado e Formosinho (2009):

> Procura-se, assim, romper com uma lógica reprodutora e uniformizadora da formação e com práticas de dissociação entre formação e trabalho, fazendo convergir a acção dos professores, das escolas e das instituições formadoras (p. 298).

---

3. A expressão "ensino significativo" utilizada no texto remete à teoria ausubeliana que entende que a "aprendizagem significativa" ocorre quando um novo conceito ancora-se em estruturas cognitivas relevantes preexistentes, possibilitando a retenção da informação de modo significativo (não aleatório, não literal).
4. A proposta de um ensino que tenha como ponto de partida aspectos do "cotidiano" de quem aprende também fundamenta-se nos pressupostos de Ausubel, uma vez que esse autor os desloca da ideia de pré-requisito (algo que é "preciso" saber/conhecer antes de aprender algo novo), situando-os como "aspectos específicos da estrutura cognitiva que são relevantes para a aprendizagem de uma nova informação" (MOREIRA 2006, p. 14). Essa compreensão muda também o ponto de vista do professor, já que este deverá identificar no aluno pontos de ancoragem com os quais a nova informação deverá interagir para que a aprendizagem seja significativa.

Como dissemos anteriormente, a diversidade de compreensões sobre o que é "ensino" não é novidade. Entretanto, as reflexões coletivas que os coordenadores podem promover a partir da observação de situações práticas dos professores, bem como das angústias, das expectativas e dos argumentos por eles expressos nas diferentes situações de interação escolar (daí a importância de criar formas de participação), podem ser muito valiosas para os momentos de formação que organiza na escola, uma vez que estas são fontes reveladoras das concepções de ensino praticadas (mais do que ditas) pelos professores. Ou usando as palavras de Hargreaves (1998):

> Se conseguirmos compreender os desejos de mudança e de conservação dos professores, bem como as condições que fortalecem ou enfraquecem tais desejos, obteremos discernimentos valiosos a partir das raízes da profissão, daqueles que trabalham na linha de frente das nossas salas de aula, relativos à maneira como a mudança se pode realizar mais eficazmente, assim como *aquilo* que deveríamos mudar e o que deveríamos preservar (p. 12).

Sendo um dos objetivos dos processos formativos, quaisquer que sejam (formação inicial, contínua, em contexto escolar ou não, individual ou coletiva), promover a mudança, possibilitar a transformação de ações pedagógicas para que estas se tornem cada vez melhores, é mister considerar que tais mudanças precisam ser significativas para formadores e formandos. Para tanto, é preciso que o coordenador pedagógico conheça bem a equipe docente com a qual atua e, destacamos aqui, como essa equipe entende o "ensino na escola", pois do ponto de vista pedagógico isto contribuirá com a organização para que o "bom ensino" aconteça.

Nesse sentido, deixamos em evidência neste texto nossa compreensão sobre "ensino" para que então possamos discutir sobre estratégias que viabilizem o "bom ensino", já que os processos formativos realizados na escola também são formas de ensino com características e especificidades que lhes são próprias (como, por exemplo, o fato de serem direcionados a adultos profissionais em seu contexto de trabalho). Assumimos a concepção de Roldão quando afirma que:

Ensinar consiste, do ponto de vista em que nos colocamos, em desenvolver uma acção especializada, fundada em conhecimento próprio, de fazer com que alguém aprenda alguma coisa que se pretende e se considera necessária, isto é, de accionar e organizar um conjunto variado de dispositivos que promovem activamente a aprendizagem do outro, embora não a possam garantir em absoluto, já que o sujeito aprendente terá de desenvolver os correspondentes procedimentos de apropriação (2010, p. 14-15).

Ressaltamos que o ensino de que falamos é aquele praticado na escola (lugar especificamente criado para oferecer as condições apropriadas para o ensino) por professores (profissionais especializados e capacitados para tal). Não queremos com isso negar que aprendemos uns com os outros e, portanto, todos podem "ensinar" (e "ensinam"): os pais, os colegas, os funcionários da escola, os professores etc. Tampouco trata-se de afirmar que aquilo que se aprende na escola é mais ou menos importante do que o que pode ser aprendido em outras esferas da vida pessoal (família, religião, política...). Entretanto, como afirmam Floden e Buchmann (apud GARCÍA 1995, p. 23), *"Ensinar*, que é algo que qualquer um faz em qualquer momento, não é o mesmo que *ser um professor*. Existem outras preocupações conceptuais mais vastas que contribuem para configurar o professor [...]". O princípio da ação profissional do professor é o ensino intencional, diferente do "ensino" praticado pelos demais atores sociais, que é espontâneo, improvisado, casual.

Por esse motivo, ao definir o ensino, Roldão o refere como o desenvolvimento de "uma acção especializada", clarificando a ideia de que o professor é um especialista em ensinar porque o faz *intencionalmente*, sabendo *organizar* e *mobilizar* um conjunto de dispositivos necessários para alcançar esse fim.

Resta-nos ainda, nesse primeiro momento, definir o que pode ser considerado "bom ensino" ou "boa formação" na escola. E, apesar da instabilidade existente no campo dessa discussão, expomos aqui nossas reflexões acerca do assunto.

Se voltamos para o exemplo dado anteriormente para ilustrar as diferentes concepções dos professores sobre o ensino e resgatamos o fato de que o ensino da multiplicação não estava surtindo o efeito desejado para muitos alunos (ou pelo menos para boa parte deles), podemos observar que, neste caso, o ensino não está sendo "bom", pois é efetivo apenas para uma pequena parcela da população à qual se destina. Se ampliamos um pouco essa compreensão, num esforço de levá-la à esfera da formação realizada pelo coordenador na escola, é possível considerar que quanto mais os professores estiverem envolvidos, ativa e participativamente, em sua ação formativa melhor será o processo de formação para todos: coordenador, professores e alunos (a quem se destina o ensino).

Dito isto, fica mais fácil afirmar que o "bom ensino" é aquele que resulta em aprendizagens; aquele que tem como produto a aprendizagem do aluno, no caso da ação do professor, ou a aprendizagem deste, no caso da ação formativa do coordenador. E se consideramos, ainda, que aprender é "bom" (mais do que isso: necessário e inerente à condição humana), todo ensino que de fato promove a aprendizagem é bom; do mesmo modo como é boa toda formação que contribui para que haja mudanças na prática docente no sentido de aprimorá-las, de torná-las melhor.

A compreensão sobre o que é "ensino" deve estar na base dos trabalhos de formação de professores. As discussões realizadas com os professores acerca do assunto revelam que este conceito ainda é muito permeado de definições e princípios advindos do senso comum, contribuindo para um acúmulo de equívocos sobre, mas não somente, as estratégias de ensino. O reflexo dessa falta de clareza sobre aquilo que é essencial na ação do professor, ensinar, pode ser sentido nos resultados alcançados pelos alunos nos diferentes segmentos de ensino.

É preciso que os professores saibam que, tal como outros profissionais (médico, engenheiro, músico, advogado, arquiteto...), o seu trabalho tem uma especificidade; o seu trabalho o diferencia de outros profissionais; o seu trabalho exige um conjunto de conhecimentos, que são próprios da docência e da área em que leciona, e isso é que o torna "profissional do ensino".

O lugar e a vez das estratégias de ensino: a espontaneidade abrindo espaço para a intencionalidade

Para ajudar os professores a qualificar o seu trabalho, o coordenador pedagógico precisa considerar o conhecimento produzido acerca das estratégias formativas e adequá-las aos diversos conteúdos previstos, em diferentes espaços formativos. Não é de qualquer jeito que se faz formação de professores (ZEN 2012, p. 10).

O alerta feito pela autora revela uma preocupação com a qual não somente nós, mas todos os que de fato estão envolvidos nos processos formativos partilham. Que não se promove a formação de professores de qualquer modo, isso todos sabemos. A grande questão é: "como" fazê-la? Como alcançar efetivamente os professores para que possam oferecer o "bom ensino" aos alunos?

O desejo de encontrar respostas a essa questão é tão intenso que se observa o considerável consumo de leituras de manuais que sugerem ou anunciam poder ser um guia com passos a ser hierárquica e linearmente obedecidos para o alcance do sucesso. O investimento financeiro e o tempo dedicado na consecução do que é proposto em tais materiais, sem que o êxito seja alcançado, torna coordenadores e professores descrentes de tudo. Há que ser ressaltado, contudo, que os manuais têm seu valor na ação formativa do coordenador, pois usados de modo crítico e reflexivo tornam-se instrumentos valiosos tanto para a formação como para a atuação docente. Acresce-se a isso o fato de que há bons materiais com esse perfil publicados. Entretanto, eles não resolvem a questão sobre "como ensinar" ou "como conduzir uma boa formação"; nem seria possível que o fizessem, pois nenhuma ação ou estratégia tem validade universal; cada contexto é único e precisa ser tratado como tal.

O que Zen de forma bastante pertinente destaca é a necessidade de "considerar o conhecimento produzido acerca das estratégias formativas". O coordenador pedagógico é alguém que observa, discute, propõe, busca formas, seleciona, decide e viabiliza a formação num processo reflexivo cíclico e contínuo. E isso tudo não pode ser feito de forma espontânea e improvisada. Toda a sua ação formativa deve estar assente naquilo que observa e vivencia, mas também naquilo que já foi produzido em termos de conhecimento na área em questão (e aqui nos referimos especificamente às estratégias de formação de professores).

Voltemos agora ao exemplo dado no início do texto. O coordenador percebe que seu grupo de professores está dividido em basicamente dois grupos com visões diferentes sobre o que é ensinar. Tal percepção, entretanto, por si só não é positiva ou negativa, mas poderá ser boa, ruim ou, ainda, nem ser considerada um ponto significativo para a formação; isso depende da intervenção que há de ser feita, ou não, pelo coordenador pedagógico. Não somente, mas também o modo "como" o coordenador conduz a formação (não as sessões ou encontros isoladamente, mas o encadeamento das ações que constituem o processo formativo para progressivas mudanças na ação profissional de todos os envolvidos) poderá ou não fornecer as condições necessárias para que os professores possam identificar e propor as necessárias mudanças em sua ação docente. É muito importante ter clareza sobre o conceito de ensino, mas isso não é o bastante para modificar a atuação do professor. Para tanto, é preciso que o coordenador organize e planeje seu trabalho *estrategicamente*; é preciso que haja transversalidade na condução de seu trabalho de modo a provocar análises e reflexões que tenham como base a ação do professor (a experiência), o conhecimento produzido acerca do assunto em pauta (teoria) e a construção coletiva de propostas de melhoria ou superação (teoria e prática implicadas).

O que isso quer dizer?

Encontramos aqui uma questão nodal e complexa, já que a própria definição do conceito de estratégia não é uma tarefa fácil. Recorramos, então, ao "conhecimento produzido" acerca do assunto.

Vieira e Vieira (2005) analisam o conceito de estratégia considerando a multiplicidade de compreensões a ele atribuídas, bem como alguns campos em que é fortemente utilizada (e que talvez por isso justifiquem a diversidade de compreensões existentes), como o militar e o esportivo. O estudo realizado por esses autores revela um panorama sobre a compreensão de estratégia para diferentes autores, conforme expomos na tabela a seguir.

Autor(es)	Ano da publicação	Compreensão sobre estratégia
Clarke e Biddle (apud VIEIRA e VIEIRA 2005)	1993	Sequência integrada de procedimentos, ações, atividades ou passos escolhidos com um determinado propósito claro.
Lamas (apud VIEIRA e VIEIRA 2005)	2000	
Nisbet e Schucksmith (apud VIEIRA e VIEIRA 2005)	1987	
Hyman (apud VIEIRA e VIEIRA 2005)	1987	Plano cuidadosamente preparado envolvendo uma sequência de passos concebidos para atingir uma determinada meta.

Verifica-se, então, que na gênese, na origem do conceito de *estratégia* (e no caso deste quadro não estamos ainda a tratar de *estratégias de ensino* especificamente), encontramos um objetivo claramente definido e um "caminho", um "percurso" traçado para alcançá-lo. Se quero comprar um carro (objetivo claramente definido) e não possuo recursos financeiros, reorganizo tanto quanto possível os meus gastos (deixo de consumir itens considerados dispensáveis, por exemplo) e a minha renda (posso reservar mensalmente um valor X destinado a esse fim, aceitar horários de trabalho extra ou mesmo temporários), traçando desse modo o percurso para alcançar o fim almejado.

Decorre desse entendimento sobre estratégia que em educação a organização feita pelo professor ou, mais especificamente, no caso da formação em contexto escolar, a organização feita pelo coordenador pedagógico no sentido de promover reflexão e mudança na ação docente (objetivo claramente definido) possa ser compreendida à luz do conceito de *estratégia*, ou seja, possa ser concebida *estrategicamente*.

Assim, recorremos, mais uma vez, ao estudo de Vieira e Vieira (2005), agora para clarificar as compreensões encontradas nos diferentes autores acerca das *estratégias de ensino*.

Autor(es)	Ano da publicação	Compreensão sobre *estratégia* de ensino
Cruz (apud VIEIRA e VIEIRA 2005)	1989	Organização ou arranjo sequencial de ações ou atividades de ensino que são utilizadas durante um intervalo de tempo e com a finalidade de levar os alunos a realizar determinadas aprendizagens.
Heintschel (apud VIEIRA e VIEIRA 2005)	1986	
A. Ribeiro e L. Ribeiro (apud VIEIRA e VIEIRA 2005)	1989	Plano de ação para conduzir o ensino em direção a propósitos fixados, servindo-se de meios.

A discussão sobre a compreensão de estratégia não se esgota aqui, o que é evidente. Entretanto, esse foi o nosso ponto de partida e, por que não dizer?, o percurso estrategicamente escolhido para que nossa concepção sobre *estratégias de ensino/formação* possa ser compreendida. Nesse sentido, adotamos o sentido que Roldão (2010) confere às estratégias de ensino, uma vez que resgata e sintetiza o que foi dito pelos autores citados, destacando, entre outros aspectos, a visão panorâmica, por ela chamada de *global*, da ação ou de um conjunto de ações para que a aprendizagem ocorra. Segundo a autora, "A estratégia significa uma *concepção global, intencional e organizada de uma acção ou conjunto de acções tendo em vista a consecução das finalidades de aprendizagens visadas*" (ROLDÃO 2010, p. 68).

Convém destacar aqui a "concepção global" e articulá-la com o que dissemos anteriormente sobre a necessidade de haver transversalidade no trabalho do coordenador, mais especificamente no que se refere à sua ação formativa.

Se a estratégia exige conceber a ação educativa de uma forma global, e se concordamos que a formação precisa ser pensada *estrategicamente*, isso implica compreender que, uma vez estabelecido o objetivo da formação, tudo o que será mobilizado para alcançá-lo constitui a estratégia de formação, que, por sua vez, está intrinsecamente ligada à questão de "Como atingir um dado propósito?" (VIEIRA e VIEIRA 2005, p. 16). Quando estamos diante de uma pessoa cujas ações sempre estão ligadas a um propósito claramente definido (mesmo que só percebamos depois), costumamos referirmo-nos a ela como uma "estrategista". Isso é facilmente verificável nas tramas criadas para os enredos dos filmes a que assistimos. Ao transportar a concepção estratégica para a formação, estamos querendo enfatizar que cada ação formativa, individualmente e em seu conjunto, deve estar relacionada com os propósitos e objetivos estabelecidos para a formação.

As estratégias de formação viabilizam e concretizam os objetivos que se pretende alcançar; por isso, preocupam-se com o "como fazer", com a operacionalização de tais objetivos, e nesse percurso há que haver um cuidado muito grande para que não haja desvios que impeçam de chegar onde se pretende.

A preocupação com o "como fazer" é central para os coordenadores no momento de planejar a formação, e é muito bom que assim o seja, já que este é o ponto de partida de toda ação estratégica. Essa preocupação também foi expressa por Roldão (2010) quando afirmou que é preciso que o professor pergunte a si mesmo:

> Como é que vou conceber e realizar uma linha de actuação (que pode incluir a apresentação do conteúdo, estrategicamente organizada e articulada com outros dispositivos), com que tarefas, com que recursos, com que passos, para conseguir que estes alunos em concreto aprendam o conteúdo que pretendo ensinar? (p. 56).

Tais também devem ser os questionamentos que os coordenadores pedagógicos devem realizar ao pensar a formação. Entretanto, o ensino de um conteúdo ou a própria formação oferecida aos professores deve partir da ação destes profissionais e retornar a ela. A escolha das estratégias e sua regulação dependem de um levantamento de hipóteses, realizado previamente pelo formador, sobre como o aluno ou o professor que participa da formação se apropriará do conhecimento em questão, tendo em vista o ponto (saber da experiência) do qual parte o professor ou o coordenador.

Isto quer dizer que não há garantias ou certezas no processo formativo. Não podemos afirmar que, seguindo o coordenador por este ou aquele caminho, adotando esta ou aquela estratégia de formação, sua equipe docente certamente alcançará um desenvolvimento profissional de tal maneira que sua atuação melhore significativamente a aprendizagem dos alunos. De igual maneira, não existem estratégias de ensino ou de formação boas ou más em si mesmas. As estratégias são, como referimos no título deste texto, *viabilizadoras* do ensino, da formação; elas tornam viável o ensino, possibilitam o trabalho em conjunto para análise de situações, proposição de mudanças... O que existe, de fato, é a análise de um contexto, de um grupo, de conteúdos, de condições reais (na maioria das vezes inadequadas por falta de tempo, de espaço, de materiais, de recursos...) e, a partir dela, a seleção de estratégias que possam servir a esta situação em particular.

Para isso, é fundamental que o coordenador, ao planejar os momentos de formação, realize um levantamento de hipóteses que lhe possibilite enxergar *possibilidades* de atuação (mais que uma; tantas quantas forem possíveis) e, a partir delas, proceder à análise do que será mais produtivo para a situação em que se encontra o seu grupo de professores. Isto implica analisar panoramicamente a situação, identificar possibilidades e tomar decisões que se justificam pelas probabilidades de êxito. Ou seja, ao colocar na balança as diferentes possibilidades de atuação para a formação, e ao analisá-las em termos de perdas e ganhos, vantagens e desvantagens, possibilidades e limitações, tem-se uma escolha consciente e muito mais aproximada dos propósitos estabelecidos para a formação de um grupo em particular em uma situação e um contexto particulares.

A preocupação que o coordenador pedagógico não pode perder de vista quando pensa a formação é: como conceber e realizar uma linha de atuação que possa ser de tal modo significativa (considerando-se os saberes teóricos e experienciais) para a equipe docente que viabilize mudanças em sua ação profissional e, consequentemente, promova melhoria nas aprendizagens dos alunos?

Numa tentativa de contribuir para a compreensão do conceito de estratégia de formação, que, como dissemos, tem relação com o "como fazer" que tanto nos preocupa, destacamos da definição de estratégias de ensino que nos apresenta Roldão três expressões a partir das quais propomos uma breve reflexão. São as concepções: *global, intencional e organizacional*. A ideia de *concepção global* prende-nos a todo momento com o objetivo geral da formação. Isto quer dizer que é preciso ter clareza de aonde se quer chegar. Por exemplo, pode ser muito atual e interessante discutir sobre "estratégias de ensino" nas sessões de formação, mas o que queremos com isso? Apresentar teorias, conceitos e definições não promove necessariamente transformações na ação docente. Os professores podem gostar do assunto, demonstrar interesse em realizar leituras a ele relacionadas e até ficar satisfeitos com a formação, sem que isso implique compromisso com mudança em sua atuação. Se de fato queremos uma ação educativa melhor, será preciso que todos os passos, todas as atividades, todas as dinâmicas estejam vinculados com tal finalidade e com as situações concretas vividas pelos professores em sala de aula. Cada etapa da formação deve conter uma articulação direta com o propósito geral da formação, deve ser capaz de responder o "para quê?" foi concebida e, nesse momento, evocar o objetivo e a visão panorâmica da formação.

É por esse motivo que a *concepção global* é uma ideia ligada à transversalidade, uma vez que perpassa todo o percurso da formação, desde a concepção dos objetivos e metas ("o que queremos"), passando pelo planejamento da ação ("como" fazer para alcançar "o que" queremos), até a avaliação do processo, momentos em que, conjuntamente, é possível reorganizar etapas, retomar conceitos, definir outros passos, enfim, reestruturar o percurso para seguir adiante sem se distanciar quer dos objetivos da formação, quer das necessidades dos formandos, que podem exigir a articulação de outros propósitos inicialmente não previstos.

As concepções de *intencional e organizacional* merecem ser enfatizadas em virtude da importância de seu papel na atuação do coordenador pedagógico. É aqui também que ganha relevo a afirmação de Zen (2012): "Não é de qualquer jeito que se faz formação de professores".

Há que se ressaltar que a expressão "qualquer jeito" não pode ser interpretada numa perspectiva única que lhe atribua a ideia de falta de interesse ou compromisso. Precisa ser compreendida também numa perspectiva de falta de diretriz, de ausência de pensamento estratégico. E isso não necessariamente se faz por falta de compromisso, dedicação ou envolvimento com o trabalho, mas por falta de conhecimento e de oportunidades de estudo autônomo, de troca de experiência entre pares, de condições de acesso à literatura sobre a temática etc.

Entretanto, reside na *intencionalidade* e na *organização* do ensino a essência do trabalho do professor e do coordenador. É isso que o difere dos demais profissionais; é isso, portanto, que ele precisa saber fazer bem. Ao observar que, sem sucesso, o filho tenta colocar um brinquedo na caixa por uma abertura pequena, a mãe aproxima-se e o "ensina" a abrir um outro lado maior através do qual o brinquedo poderá ser acomodado. Sua ação, contudo, não é permeada de *intencionalidade* e *organização*, de ações previamente selecionadas e cuidadosamente planejadas para fazer que a criança aprenda, mas, ao contrário, sua ação é espontânea e intuitiva. O que faria ela se a criança insistisse em sua hipótese inicial (colocar o brinquedo na caixa através da abertura menor)? Teria outra forma, outro modo, outro jeito de fazê-la compreender? E se a criança chorasse e ficasse muito nervosa? Refletiria a mãe sobre sua ação para retomá-la num outro momento, a partir de outra organização da situação, ou resolveria o problema do filho (como fazemos no papel de mãe ou pai) colocando ela mesma o brinquedo na caixa? Diferente de qualquer outro ator social, o ensino realizado pelo professor é *intencional e organizado*; tal como deve ser a formação realizada pelo coordenador pedagógico.

Contudo, um trabalho de formação planejado segundo os princípios de *intencionalidade e organização* não pode gerar como consequência a falta de flexibilidade ou o engessamento do processo. *Intencionalidade e organização* são características da dinâmica dos processos formativos. Assim, estão a favor da formação (e não acima dela) e constituem a especificidade da ação do formador. Como refere Roldão (2010), "Ao contrário do velho dito 'quem sabe ensina', profissionaliza-se o ensino e a actividade docente afirmando 'ensina quem sabe ensinar, porque sabe o que ensina, e sabe como ensinar, a quem e para quê'" (p. 42).

As estratégias de formação, portanto, que envolvem, além de *intencionalidade e organização*, a *concepção global* podem ser bem compreendidas, observando-se o seguinte exemplo: o coordenador pedagógico de uma escola precisa ajudar os professores a encontrar caminhos para melhorar o ensino da leitura e da escrita, que tem sido até então deficiente. Com esse propósito em mente, busca pensar estrategicamente a formação, constituindo, em linhas gerais, o planejamento constante no quadro abaixo, dividido em três objetivos menores que pressupõem ações correspondentes e interligadas, conforme se segue:

PLANEJAMENTO ESTRATÉGICO DA FORMAÇÃO PARA MELHORAR O ENSINO DA LEITURA E DA ESCRITA	
1ª etapa (4 h divididas em duas sessões de 2 h): refletir sobre os resultados até então alcançados pela equipe docente em relação ao ensino da leitura e da escrita.	**Como fazer?** Provocar uma discussão sobre os resultados apresentados pelos alunos na apropriação da leitura e escrita. **O que se pretende com essa ação?** Identificar problemas (falhas, lacunas) e selecionar prioridades de atuação.
2ª etapa (20 h divididas em dez sessões de 2 h): analisar a ação docente em relação ao ensino da leitura e da escrita, a partir de reflexões sobre a prática.	**Como fazer?** Realizar, em acordo com os professores, observações e/ou registros (filmagens, relatos, anotações...) dos aspectos priorizados na etapa anterior para debatê-los com a equipe a fim de possibilitar a análise de situações práticas e estudos com fundamentação teórica. **O que se pretende com essa ação?** Articular teoria e prática de modo que se promova maior compreensão sobre as ações realizadas, bem como sobre aquelas que se pretende realizar, procedendo à desconstrução das práticas que estão naturalizadas (aquelas que realizamos sem questionar).

PLANEJAMENTO ESTRATÉGICO DA FORMAÇÃO PARA MELHORAR O ENSINO DA LEITURA E DA ESCRITA	
3ª etapa (10 h divididas em cinco sessões de 2 h horas): promover melhorias significativas na aprendizagem dos alunos em relação à leitura e à escrita, considerando-se o levantamento e a análise de possibilidades que possam contribuir para alcançar esse fim.	**Como fazer?** A partir dos resultados obtidos nas etapas anteriores, estabelecer, em conjunto com os professores, objetivos e procedimentos a ser adotados, bem como formas contínuas de avaliação. **O que se pretende com essa ação?** Reorganizar o ensino para que os alunos possam aprender "mais" e "melhor" sobre a leitura e a escrita, levantando hipóteses sobre ações que viabilizem o ensino desejado, analisando e tomando decisões em relação ao trabalho pedagógico.

Obs.: A seta que perpassa todo o processo representa a concepção global das ações intencionalmente organizadas para a formação.

Esse é um exemplo geral para auxiliar na compreensão do que é pensar estrategicamente a formação de professores. Entretanto, essas são algumas decisões já tomadas e, portanto, esse documento já é resultado de um momento anterior que envolveu o levantamento de hipóteses que buscou identificar o que sabem os professores, o que lhes é significativo, bem como o que pode ser produtivo nos encontros de formação. Para todas as sessões previstas em cada uma das etapas seria necessário especificar as ações propostas ("como fazer") e tudo o que a elas se relaciona (espaço, recursos, tempo...), retornando sempre ao objetivo correspondente, de modo que se conduzisse a formação para o alcance da melhoria do ensino da leitura e da escrita na escola.

Um resgate estratégico para concluir...

Como toda estratégia de formação, a escrita de um texto como este tem possibilidades (entre as quais destacamos o fato de poder alcançar um grande número de pessoas em lugares e tempos diversos) e limitações (como a ausência da interação imediata que permite esclarecer o que não foi compreendido e preencher lacunas), o que não a torna pior nem melhor do que qualquer outra, mas, considerando-se esse caráter, é preciso buscar formas de potencializar as possibilidades e superar ou minimizar as limitações.

Desse modo, propomos aqui um resgate das principais ideias desse texto, ressaltando que não se pretendeu que fosse um amplo espectro para a discussão de diferentes estratégias de formação (o que poderá ser feito em outra oportunidade), mas promover a clarificação do conceito de "estratégias de formação" para que, a partir dessa compreensão, a formação realizada na escola pelo coordenador pedagógico possa ser repensada de modo que atenda aos propósitos gerais da formação (aprimorar a atuação docente), sem perder de vista as necessidades locais observadas em cada unidade escolar. Só desse modo a formação poderá ser significativa e produtiva, tanto para formandos como para formadores.

Ressaltamos ainda, nessas linhas finais, o valor que as formas participativas/colaborativas de promover a formação assumem nesse processo. Não há como esperar envolvimento numa situação na qual o professor não se sinta partícipe, coconstrutor e, consequentemente, corresponsável por sua concepção e sua implementação. Amiguinho (1992) já revelava a importância da participação (por meio da valorização da experiência do professor) para que a inovação, a mudança, a transformação fossem possíveis:

> Situação semelhante ocorre com estratégias de mudança decididas exteriormente e impostas de forma autoritária às escolas e aos professores, que tudo pretendem mudar e no mais curto período de tempo. O resultado é quantas vezes, precisamente... que nada muda! (p. 73).

A assertiva do autor também nos remete a um retorno à questão da necessária flexibilidade na organização da ação formativa, sob o risco de sem ela todo o trabalho ruir, uma vez que os professores não se reconhecem, nem às suas expectativas, num "pacote fechado".

Assim, chegamos ao que hoje acreditamos ser as principais ideias deste texto:
- ensinar é colocar em ação um conhecimento especializado com o objetivo de promover a aprendizagem de outro, o

que não é feito por qualquer um, mas pelo profissional que tem competência para tal: o professor;
* a formação de professores não pode ser realizada sem o necessário conhecimento sobre estratégias de formação. É preciso conhecer a literatura sobre a temática, além de conhecer as condições e dinâmicas de funcionamento próprias do grupo de professores com o qual o coordenador pedagógico atua;
* "espontaneidade" e "intuição" não podem ser os alicerces dos processos formativos. Estes devem estar assentes em aspectos teóricos e práticos que constituirão a base para reflexões, análises e proposições que se deseja alcançar;
* *estratégia de formação* é um conceito que envolve três concepções imbricadas e indispensáveis: compreensão *global* da formação, *intencionalidade* das ações e sua *organização* (etapas previstas, tempo disponível, recursos necessários etc.);
* realizar o levantamento de hipóteses de estratégias de formação, relacionando-as com a situação concreta da formação, contribui para tomadas de decisões conscientes (com maior probabilidade de êxito) que se justificam pela análise e pela reflexão de suas possibilidades e limitações em seu contexto;
* *participação* e *flexibilidade* são palavras-chave para uma formação significativa para formadores. É por meio delas que as ações formativas ganham sentido.

Referências bibliográficas

AMIGUINHO, Abílio. *Viver a formação*: construir a mudança. Lisboa, Educa, 1992.

CLARKE, J. H. e BIDDLE, A. W. (Eds.). *Teaching critical thinking*. Englewood Cliffs, NJ: Prentice-Hall, 1993 apud VIEIRA, Rui Marques, VIEIRA, Celina. *Estratégias de ensino/aprendizagem*. Lisboa, Instituto Piaget, 2005.

CRUZ, M. N. *Utilização de estratégias metacognitivas no desenvolvimento da capacidade de resolução de problemas* – Um estudo com alunos de Física e Química do 10° ano. Dissertação de Mestrado, Universidade de Lisboa,

Departamento de Educação da Faculdade de Ciências, 1989 apud VIEIRA, Rui Marques, VIEIRA, Celina. *Estratégias de ensino/aprendizagem*. Lisboa, Instituto Piaget, 2005.

GARCÍA, Carlos Marcelo. *Formação de professores*: para uma mudança educativa. Porto, Porto Editora, 1995.

HARGREAVES, Andy. *Os professores em tempo de mudança*: o trabalho e a cultura dos professores na idade pós-moderna. Portugal, McGraw Hill, 1998.

HEINTSCHEL, R. *Teachers teach thinking*: A staff development program (the T-cubed Model). Paper presented at the 11th Annual Conference of the National Council of States on Inservice Education, Nashville, TN. (ERIC ED 275 655), 1986 apud VIEIRA, Rui Marques, VIEIRA, Celina. *Estratégias de ensino/aprendizagem*. Lisboa, Instituto Piaget, 2005.

HYMAN, R. T. *Discussion strategies and tactis*. In: WILEN, W.W. *Questions, questioning, techniques, and effective teaching*. Washington, DC: National Education Association (ERIC ED 310102) apud VIEIRA, Rui Marques, VIEIRA, Celina. *Estratégias de ensino/aprendizagem*. Lisboa, Instituto Piaget, 2005.

LAMAS, E. P. R. (Coord.). *Dicionário de metalinguagens da didáctica*. Porto, Porto Editora, 2000 apud VIEIRA, Rui Marques, VIEIRA, Celina. *Estratégias de ensino/aprendizagem*. Lisboa, Instituto Piaget, 2005.

MACHADO, Joaquim, FORMOSINHO, João. Professores, escola e formação. Políticas e práticas de formação contínua. In: FORMOSINHO, João (Coord.). *Formação de professores*: aprendizagem profissional e acção docente. Porto, Porto Editora, 2009.

MOREIRA, Marco Antonio. *A teoria da aprendizagem significativa de David Ausubel*. Brasília, Editora Universidade de Brasília, 2006.

NISBET, J. E SHUCKSMITH, J. *Estrategias de aprendizaje*. Madrid, Santillana, 1987 apud VIEIRA, Rui Marques, VIEIRA, Celina. *Estratégias de ensino/aprendizagem*. Lisboa, Instituto Piaget, 2005.

OLIVEIRA-FORMOSINHO, Julia. Desenvolvimento profissional dos professores. In: FORMOSINHO, João (Coord.). *Formação de professores*: aprendizagem profissional e acção docente. Porto, Porto Editora, 2009.

RIBEIRO, A. C., e RIBEIRO, L. C. *Planificação e avaliação do Ensino-aprendizagem*. Lisboa: Universidade Aberta, 1989 apud VIEIRA, Rui Marques, VIEIRA, Celina. *Estratégias de ensino/aprendizagem*. Lisboa, Instituto Piaget, 2005.

ROLDÃO, Maria do Céu. *Estratégias de ensino*: o saber e o agir do professor. Vila Nova de Gaia, Fundação Manuel Leão, 2010.

VIEIRA, Rui Marques, VIEIRA, Celina. *Estratégias de ensino/aprendizagem*. Lisboa, Instituto Piaget, 2005.

ZEN, Giovana Cristina. O papel da coordenação pedagógica na escola. *Salto para o Futuro* – Coordenação pedagógica em foco, ano XXII, Boletim I (abr. 2012).

Como reverter planejamentos de trabalho de coordenadores em oportunidades formadoras?

Cleide do Amaral Terzi[1]
roncaeterzi@uol.com.br

Mônica Matie Fujikawa[2]
mmfujikawa@uol.com.br

"[...] pois eu entrei no mundo com um programa na mão; não entrei assim à toa como um pedreiro sem obra que não sabe aonde vai."
(MACHADO DE ASSIS 2001, p. 273).

Considerações iniciais

Nossa caminhada de assessoria pedagógica junto aos educadores de educação básica tem nos possibilitado estudar e analisar como os coordenadores pedagógico-educacionais planejam intenções de trabalho, desencadeiam intervenções e sistematizam instrumentos orientadores de práticas formadoras junto a seus professores.

Acreditamos que essa proximidade com profissionais em seus diversos cotidianos confirma o papel fundamental da instituição escolar ao assumir sua responsabilidade como centro privilegiado e

---

1. Especialista em educação, assessora e consultora na área educacional, coordenadora de grupos de estudos. Diretora de Ronca e Terzi Consultores Associados.
2. Pedagoga e mestre em Educação, formadora de professores e de coordenadores pedagógicos.

disseminador de processos formadores. Um lugar para compartilhar com outros, espaço de contextualização constituído por rede de acontecimentos e significados no trabalho de diretores, coordenadores e professores. Nele as ações formadoras espelham quanto a escola inibe ou oferece condições efetivas para a formação continuada em serviço.

Essa atuação de assessoria nos permite viver partilhas formadoras com profissionais de diversas realidades escolares ao analisarmos conjuntamente as demandas do trabalho, a composição de cenários e, neles, os questionamentos e os desafios provenientes das intervenções e da sistematização das rotinas junto ao grupo de coordenadores e professores.

Ali há um universo específico de interações, de construção de propósitos e metas, de implementação de projetos, de organização e deliberação de ações ao permitir aos docentes revisitar intenções, examinar "suas teorias implícitas", seus esquemas de funcionamento, suas atitudes, realizando um processo constante de autoavaliação que oriente seu trabalho (IMBERNÓN 2000).

Assim, defendemos a proposta de que a formação continuada em serviço deve se dar com base na realidade própria de cada escola, considerando suas reais necessidades, os valores e as diretrizes de seu projeto pedagógico.

O coordenador, na medida em que se constitui num líder técnico pedagógico, corresponsável pela articulação entre os diferentes atores (diretores, alunos, comunidade), vive na formação uma situação única: *naquela escola, naquele projeto pedagógico, naquele coletivo de professores, alunos e famílias, naquelas circunstâncias singulares vividas pela equipe*, que deve ser problematizada, reconsiderada e orientada.

Na coordenação é possível contracenar parcerias ao discutir princípios, interrogar práticas, realizar planos de trabalho e acompanhar, de perto, o desenvolvimento de ações e o desdobramento de resultados, tanto no âmbito individual de cada docente como também na aprendizagem de implicar-se e pertencer ao coletivo.

Ressalta-se a importância de considerar os professores como sujeitos reflexivos que ao atuar apresentam suas inquietações, suas dúvidas, seus projetos, suas constatações. "Esse conhecimento corresponde ao 'conhecimento profissional' dos docentes e refere-se às suas condutas, seus comportamentos intencionais dotados de significados, aos quais podemos ter acesso a partir de seu discurso (verbal ou mental) de diferentes formas: justificação, narrativas explicativas, sequência de informações, reflexão *a posteriori* etc." (BORGES 2004, p. 75).

Na parceria com coordenadores e com outros docentes, buscam juntos as melhores formas de delinear escolhas e encaminhar as propostas debatidas e o aprofundamento de referenciais sustentadores de suas práticas. Utilizam as orientações realizadas como instrumentos para ampliar as perspectivas de ação em sala de aula.

O coordenador pedagógico-educacional pode estabelecer um conjunto de oportunidades para auxiliar os professores na investigação de seu percurso de trabalho. Ajudá-los, a partir de narrativas orais e escritas, a elaborar questionamentos sobre sua experiência e provocar um movimento pesquisador em sua prática pedagógica. Nessa parceria, contribuir para a identificação das situações observadas em sala de aula, localizar e clarificar as intenções educativas nas decisões realizadas ou a ser projetadas colocando em relevo aspectos da prática que merecem reflexão mais apurada.

No cotidiano escolar, esse profissional lida com inúmeros instrumentos de trabalho, os quais, de forma mais ou menos objetiva, explicitam, organizam e documentam as ações realizadas. Para o eixo de reflexão pretendido, interessa saber que demandas orientam essa produção do planejamento de coordenação, que uso faz dessas projeções e qual o sentido atribuído por quem o elabora.

Partindo da premissa de que o papel preponderante do coordenador pedagógico educacional incide na formação de professores, o presente trabalho propõe um estudo indagador de como este profissional organiza propósitos formativos e planeja os encaminhamentos de sua atuação junto a sua equipe de professores. *Como reveste seus planos de trabalho em oportunidades formadoras? Como organiza suas rotinas e sistemáticas de atuação?*

[...] um exercício importante no cotidiano do coordenador é o do olhar. Seu olhar precisa aprender a identificar as tendências de tempo e movimento do outro, as necessidades de confronto e interlocução, num movimento da prática que se dá num *continuum*. E esse olhar atento e cuidadoso o ajudará a melhor organizar suas ações formadoras (PLACCO 2003, p. 55).

Apesar de a escola ser considerada o lugar privilegiado para desencadear ações formadoras, estimular transformações e avaliar o alcance de suas intervenções no resultado do processo de ensino-aprendizagem, é necessário discutir as adequações dessas práticas de formação nos contextos próprios de cada realidade escolar, pois mesmo considerando certos avanços há ainda uma tradição consolidada de descontinuidade e fragmentação nessas ações.

Planejamentos: as intenções de registrar percursos e propósitos formativos

Em suas práticas cotidianas, professores e coordenadores elaboram diversas modalidades de registros, algumas delas por determinação institucional (tais como produção e análise de semanários, planejamentos, relatórios de alunos, atas ou sínteses de reuniões, avaliações de desempenho) e outras como forma de organização pessoal do trabalho (diários, registros de leitura e de estudos, cadernos de anotações etc.).

A coordenação pedagógica educacional pode lançar mão de um conjunto de instrumentos para mapear o percurso do trabalho realizado (as ações encadeadas, as decisões compartilhadas, as escolhas dos temas de estudos, os conteúdos das discussões...) e mediar momentos formadores junto às suas equipes docentes.

Uma função importante dos registros na escola é a de sistematizar a memória do trabalho realizado e possibilitar a compreensão do *modus operandi* nas diversas instâncias da gestão escolar. Diante das demandas, a escola pode organizar a produção de variados documentos que devem buscar inspiração em seu Projeto Político Pedagógico, referência importante para as ações planejadas e desencadeadas nesse contexto.

E como revestir um caráter formativo à prática de produção desses planejamentos, superando a ideia de burocratização a que se destinam muitos dos documentos produzidos na escola?
Em que medida os registros escolares produzidos pela coordenação possibilitam o (re)conhecimento e a reflexão do trabalho realizado (individual e coletivo)? Que propósitos mobilizam a construção desse acervo documental? Sua leitura e sua análise geram oportunidades para que professores e coordenadores discutam seus posicionamentos, confrontem seus pontos de vista e suas interpretações sobre o trabalho que realizam naquele contexto escolar? Como leem as ocorrências do cotidiano, mapeiam as demandas, organizam planos de trabalho, encaminham e avaliam as ações formadoras?

A multiplicidade das ocorrências no cotidiano escolar expressa a amplitude de situações, experiências, acontecimentos... decorrentes das relações que nele se estabelecem, revelando um espaço vivo e rico de interações. André (2003) ressalta a importância de estudos voltados para o cotidiano escolar, para além do lugar de coleta de dados. Diz a autora:

> Conhecer a escola mais de perto significa colocar uma lente de aumento na dinâmica das relações e interações que constituem o seu dia a dia, apreendendo as forças que a impulsionam ou retêm, identificando as estruturas de poder e os modos de organização do trabalho pedagógico e compreendendo o papel e a atuação de cada sujeito nesse complexo interacional em que as ações são — ou não — implementadas e relações são estabelecidas e modificadas (p. 15).

A presença dessa "lente de aumento" e do estudo cuidadoso das ocorrências e dos acontecimentos escolares nos faz atentas a uma combinatória de experiências, à leitura e ao confronto de diferentes interpretações que ocorrem diante dos cenários que se configuram no cotidiano escolar. Com esse olhar cuidadoso tentamos superar os riscos de propormos situações pontuais, superficiais, deslocadas e distantes daquela realidade, pois muitas vezes indicamos, aleatoriamente, temas sem a devida escuta das necessidades reais dos educadores.

Com essas preocupações, uma educadora com experiência de coordenação e direção de educação infantil e fundamental assim se manifesta:

> Muitas vezes, nós, educadores, não damos conta da complexidade da escola, da equipe de coordenação, da equipe de professores e apoiadores, dos alunos e pais, da dinâmica da turma, da didática das áreas, dos projetos e conteúdos, dos eventos e festas, sem contar a burocracia, provas e notas, as relações entre pares e as relações assimétricas. Ficamos perdidos, sem saber o que fazer diante de tantas demandas. Mas o que faremos para avançar?

Nessa imbricada teia de ocorrências cotidianas, o coordenador pedagógico educacional pode mapear as situações manifestadas, identificar as demandas para declarar e organizar as intenções de trabalho.

> [...] toda construção de um mapa de relevâncias pressupõe a existência de um projeto em desenvolvimento, sustentado por valores acordados: nada é absolutamente relevante ou absolutamente irrelevante; tudo é relevante ou deixa de sê-lo tendo em vista o projeto que se persegue (MACHADO 2008, p. 80).

Com o propósito de objetivar essas reflexões, destacamos o *Plano de Ação* como um dos instrumentos de trabalho da coordenação pedagógica educacional.

Planejar é mapear na realidade contextualizada focos de atuação para converter as intenções delineadas em deliberação de ações. O ato de planejar é antecedido pela leitura meticulosa da realidade cotidiana vivida na realidade escolar. É muitas vezes precedida das questões: *Sei ler as ocorrências do cotidiano? Afinal, o que retirar da leitura? Como direcionar o conteúdo da leitura? Como converter o resultado da leitura em ação?*

Essa leitura é sustentada por uma atitude científica, isto é, o sujeito formador toma para si dados da realidade e "voa" na direção das dúvidas, do questionamento e da organização de intencionalidades. Lê a vida escolar a partir dos referenciais declarados no Projeto Pedagógico da escola e de um conjunto definido de indicadores de análise presentes naquela realidade, isto é,

[...] exercer uma atividade engajada, intencional, científica, de caráter político e ideológico isento de neutralidade. Dessa forma, planejar, em sentido amplo, é um processo que visa dar respostas a um problema, estabelecendo fins e meios que apontem para sua superação, de modo a atingir objetivos antes previstos, pensando e prevendo necessariamente o futuro, mas sem desconsiderar as condições do presente e as experiências do passado, levando em conta os contextos e os pressupostos filosófico, cultural, econômico e político de quem planeja e de com quem se planeja (PADILHA 2002, p. 63).

Algumas orientações para elaborar um Plano de Ação

Ao tratarmos da elaboração de um Plano de Ação de direção ou de coordenação pedagógica, algumas dimensões precisam ser consideradas. É importante localizar aspectos relevantes que borbulham no grupo de profissionais, foco de nosso trabalho de formação.

A planificação está ligada à intervenção e transformação desejada do real. Tem "um pé" na situação vivida (incluindo a historicidade) e um pé na situação desejada; comporta a linha condutora da acção, dando a esta acção um significado e um sentido específicos, isto é: age-se assim para... (CARVALHO 1994, p. 13).

1. O quadro situacional e o diagnóstico da realidade, considerando:

- *A participação coletiva e o projeto pedagógico da escola*: A coordenação ao registrar suas intenções no *Plano de Ação* deve levar em consideração as diretrizes e os valores propostos no Projeto Pedagógico. As intenções projetadas pela instituição desencadeiam repercussões no cotidiano e nas práticas curriculares? Como se manifesta a ideia de coletivo na unidade escolar? Qual a visibilidade do projeto pedagógico na vida da escola? Os atores (diretores, coordenadores, professores, funcionários, alunos, familiares) identificam os valores preconizados por esse documento? A elaboração do

Projeto foi resultado de participação coletiva dos profissionais da escola?

A construção do Projeto da escola tem se realizado em diferentes espaços de formação individual e coletiva. Tanto para a coordenação quanto para a equipe de educadores. As reuniões unificadas têm se configurado em um importante espaço de discussão e construção do Projeto, porém nem sempre perceptível aos olhos do professor.
Então, o importante papel da coordenação de pôr em ação esses verbos: ARTICULAR, TRADUZIR, MOBILIZAR.
Os trabalhos em subgrupos por área têm possibilitado a reflexão sobre como os valores da escola estão presentes nas ações do Projeto Político Pedagógico ao longo da escolaridade (recorte de um Plano de Ação de coordenadora de educação infantil).

• *A organização de um conjunto de dados informativos sobre a equipe de professores que está vinculada à coordenação*: o coordenador pode realizar o levantamento de dados através de entrevistas individuais com professores, apresentação de questionários, consultas a documentos na secretaria da escola, identificando:
— número de docentes
— sexo
— escolaridade
— opção religiosa
— experiências prévias
— tempo de atuação na instituição escolar
— interesses profissionais
— experiências com atos de leitura e registros escritos (relatórios, semanários, planejamentos, sínteses de reuniões)
— participação em atividades sociais e culturais
— apresentação de expectativas e necessidades
— investimentos na autoformação (cursos, participação em grupos de estudos)
— outros aspectos que considerar relevantes na vivência específica do grupo de trabalho

*Estou na instituição que trabalho há pouco tempo, e tenho aprendido que a primeira **tarefa** é conhecer a cultura e a história local e com base nessas informações aos poucos delinear um percurso de trabalho que contemple a constituição do grupo* (fala de uma coordenadora de educação básica — fundamental I).

A coleta de informações precisa se tornar objeto de leitura, identificações, questionamentos. Não é um conjunto de dados para ser tratado apenas como um catálogo, mas é um estudo de cenários e deve gerar, na coordenação, a possibilidade de perguntas, exercícios de análises e projeções de intervenções. O que os dados revelam? Com quem trabalho? Quais são as características que confirmam o perfil desse grupo de trabalho?

Realizar esse quadro com dados informativos permitiu a uma coordenadora de berçário de escola particular estar mais próxima da realidade de suas professoras, pois ao cruzar as informações constatou que 95% das professoras tinham uma origem em comum, haviam nascido numa cidade do Nordeste brasileiro e se deslocaram para São Paulo. Moravam na periferia, não tinham completado o curso de magistério, várias delas estavam se inscrevendo em cursos noturnos de berçaristas ou de pedagogia. No relato de expectativas manifestavam o desejo de melhorar suas condições de vida e superar lacunas em seus aprendizados:

> *A grande maioria, vinda de nível socioeconômico desfavorecido, traçou um percurso profissional e pessoal pautado por determinação e motivação para ter um futuro diferente de seus pais. Outras trouxeram o trabalho na educação como um sonho, um desejo latente, que aflorou com uma oportunidade na área.*
>
> *Apresentam uma formação inicial limitada e com poucos recursos. Não apresentam o hábito de visitar museus, exposições, ir ao teatro etc. A leitura é feita basicamente por textos apresentados nos cursos que frequentam, ou quando são indicados pela coordenação.*

Essa aproximação dos dados obtidos permite-me traçar intenções, diretrizes e focos; construir o meu plano de ação com referências mais concretas dessa realidade que estou trabalhando.

A organização desse quadro auxilia a coordenação a obter uma visão mais nítida de alguns aspectos que constituem o seu grupo, e isto permite congregar as necessidades e alinhar novas direções em seu Plano de Ação:

Tentei identificar meus equívocos e iluminar minha leitura (palavras de uma coordenadora de fundamental I).

• *A dimensão relacional e a formação de grupos*: o coordenador desejoso da leitura de como se manifestam as relações no cotidiano de seu trabalho procura identificar os posicionamentos diante das solicitações, dos atos colaborativos, assim como a percepção que cada componente do grupo expressa na relação com os outros, por exemplo: abertura, disponibilidade, compromisso, generosidade. Perceber-se e perceber as implicações de suas ações no coletivo.

Prestar atenção na equipe, em seus rostos e expressões, seus corpos e gestos, anseios, expectativas e formas de atuação nos ajuda e é necessário para identificar prioridades e cuidados nas relações com os professores. Para atender às demandas do grupo de docentes me pergunto: Como dialogar com cada um? Como fortalecer o sentimento de pertença ao grupo? Como ampliar no coletivo as trocas entre pares de docentes? (fala de uma coordenadora de fundamental II).

Avaliar percursos de trabalho, identificar dificuldades e progressos para redimensionar caminhos e investir em alternativas de atuação.

Uma coordenadora pedagógico-educacional de fundamental I, ao iniciar seu trabalho numa outra instituição, constata que os professores têm dificuldades para expressar suas opiniões no coletivo:

O que traz este "não confronto"? Por que existe a queixa, mas quando conversam frente a frente não conseguem argumentar?

Silenciam. Por que utilizam a expressão: o coordenador de área mandou?
Quando refleti a respeito deste aspecto, logo percebi que estamos pensando sobre um dos eixos do projeto da escola: formar alunos curiosos, investigadores. A base da investigação são a pergunta, o questionamento, a dúvida.
Como formaremos alunos questionadores se as professoras também não questionam?

Viver transformações em função de questionamentos, estudos e reflexões. Oportunizar visibilidade aos talentos e lideranças situacionais manifestadas pelos professores como uma forma de fazer circular no grupo conhecimentos e saberes e, assim, valorizar as autorias de trabalho e os sentimentos de pertença.

Compartilhar responsabilidades, estimular o rodízio de funções e promover a cooperação entre pares. Ativar a corresponsabilidade consciente para coordenação e professores agirem cooperativamente.

• *Os conhecimentos técnico-científicos relacionados à sua área de atuação*: levantamento de dados informativos sobre a formação básica e sistemática do educador em sua atuação no contexto escolar, por exemplo: consistência de fundamentos e conteúdos e sua articulação com a prática. Como se dá a utilização de recursos nos encaminhamentos das experiências curriculares? Qual o lugar da pergunta e da pesquisa revelado nas orientações de aprendizagem? Qual o sentido atribuído ao planejamento curricular? Como constrói sua rotina de trabalho na sala de aula? Como identifica as intencionalidades do trabalho presentes nas ações educativas? Que lugar ocupa o livro didático em suas aulas?

Em nossos atendimentos individuais pude observar que apresenta uma visão restrita em relação à abordagem dos conteúdos de Ciências da Natureza e Ciências Sociais. Mostra-se bastante presa ao que é proposto pelo livro didático. O planejamento é todo pautado no livro didático.
Uma outra professora de fundamental I é muito interessada, assume uma postura pesquisadora, converte as perguntas das

crianças numa escuta potente e facilita a ampliação de proposta na sala de aula. Vai além do livro didático (observações registradas no Plano de Ação de coordenadora de fundamental I).

• *A formação continuada*: a busca que o profissional de educação revela para pesquisar, questionar, incorporar novas informações, traduzir mudanças de concepção e de atitudes. Como se dá a revelação de interesse e motivação para buscar múltiplos espaços de formação?

Um grupo de estudos que conta com a presença de coordenadores e professores apresentou as perguntas:

> *Em nossas escolas temos Projetos de Formação? De uma maneira geral, as escolas, quando se referem às ações formadoras, restringem-se aos momentos de reunião pedagógica ou distribuição de leituras de textos. Como superar essa descontinuidade, essa superficialidade e essa fragmentação de ações e construir uma proposta de Projeto de Formação em serviço?*

A construção e a implementação de um Projeto de Formação têm que estar intimamente integradas com o Projeto da instituição escolar.

Através do Projeto de Formação gerar intervenções de qualidade em busca da ampliação de referências, de repertórios e práticas. Promover deslocamentos de percursos, sustentação de combinados e de progressos numa ação articulada da gestão da instituição através de direção, coordenação, equipe de docentes.

Nessa perspectiva, o Projeto de Formação em serviço passa a conectar-se com o que ocorre na sala de aula, no recreio ou pátio, e pode contribuir com novas posturas, ideias e inovações ao considerar as necessidades do grupo de educadores. Assim, concebem objetivos comuns, produzem modos de fazer e pensar a prática mais alinhados com a missão da instituição.

2. Levantamento de hipótese, metas e objetivos: a partir da construção do quadro situacional podemos ler as informações coletadas com olhar e atitude investigadores, para converter algumas demandas em ações. As perguntas delineadas daquela realidade específica nos tornam mais potentes ou, até mesmo, precisas para definir os rumos de nossas intervenções formadoras.

A partir dos atendimentos individuais e das reuniões de grupos, uma coordenadora de educação infantil identifica algumas hipóteses sobre a resistência de professores no exercício do registro escrito.

> *Há tempos tenho me deparado com a realidade de uma educação sem escritas. Educadores que resistem a produzir registros de seu trabalho, de suas reflexões, de suas pesquisas com o grupo...*
> *"Eu sei dizer sobre isso. Preciso escrever?"*
> *"Desde meu tempo de aluna tenho muita dificuldade com a escrita!"*
> *"Não gosto de escrever!"*
> *"Por que a escola atual tem tanta mania de registro?"*
> *Muitas são as hipóteses que podem justificar essa questão. Uma delas é que a formação que recebemos deformou nossa relação com a escrita. A história de uma escola em que se "escrevia para ninguém" e que não atribuía às produções uma função real. Com isso, construímos uma história de alunos (atualmente educadores) com escritas pouco refletidas, com situações de exposição relacionadas às leituras em voz alta e a correções coletivas pouco construtivas.*
> *O que fazer com essa realidade? Como transformá-la? Como mobilizar novas buscas que contribuam para a mudança dessa postura?*

Uma coordenadora de fundamental I complementa:

> *Estou muito feliz com o progresso da equipe. Verifico o quanto as professoras têm elaborado de forma cuidadosa os seus registros colados às práticas de sala de aula. Expressam crescimento no exercício reflexivo. Isto as mobiliza para o estudo e para a contribuição na formação de outros colegas professores.*

3. Conjunto de intervenções: definir ações para alcançar maior concretude e íntima sintonia com os cenários identificados no quadro situacional. Como desejamos atingir o que foi delimitado nas metas e nos objetivos? No conjunto de intervenções proposto pela coordenação em seu Plano de Ação podemos destacar algumas delas: análises de propostas curriculares, pautas de orientação individual e grupal, devolutivas^3 de observações realizadas em sala de aula, pesquisa de material para subsidiar reflexões sobre as práticas, leitura e discussão de semanários, estudo das atividades elaboradas pelos professores, planejamento de reuniões de estudo, roteiros de reuniões com as famílias, avaliação de desempenho e realização de autoavaliação, roteiro de visita dos professores a espaços científicos e culturais.

No caso da coordenadora de educação infantil que localiza a resistência de alguns professores ao exercício da escrita, assim ela propõe encaminhamentos:

— Identificar as questões que causam a resistência em cada uma. Qual a história delas com a escrita? Quais os entraves? Quais as escritas que já conseguem produzir com alguma desenvoltura?

— Retomar as escritas dessas educadoras e, junto com elas, traçar alguns propósitos de superação.

— Investir nesse processo com leituras em reunião, partilha de registros, produções conjuntas de sínteses de reuniões.

— Pontuar os avanços, mesmo que pequenos.

4. Cronograma: o coordenador declara em seu Plano de Ação a delimitação do tempo para a realização das intervenções propostas. Deve ser cuidadoso para não propor intervenções impossíveis de

---

3. O termo *devolutiva* nos parece adequado à concepção de ensino-aprendizagem assumida nesse artigo. Isto porque a intenção em sua elaboração visa devolver — fazer deslocar-se volteando sobre si mesmo (Houaiss) — ou seja, fazer o sujeito ver de novo, retomando aquilo que lhe pertence, seu pensamento, sua leitura da realidade, suas reflexões, só que agora com ou sob uma outra perspectiva de análise. Digamos que a devolutiva pode constituir uma oportunidade para que seu olhar "ganhe" novos focos de análise e de leitura para sua realidade/contexto, estabelecendo uma parceria do novo com o antigo.

ser concretizadas num tempo tão exíguo. Reexaminar a adequação dos tempos no processo de vivência desse planejamento.

[...] O(a) coordenador(a) pedagógico educacional não pode supor que as transformações da prática possam ocorrer de maneira contínua e regular, e na direção previamente estabelecida, mas haverá sempre, no cotidiano, um "movimento que envolve idas e vindas, circularidades, saltos, evoluções e retrocessos, no tempo e no espaço em que essa prática se realiza" (PLACCO 2003, 55).

Observação: é recomendável que se ofereça ao registro do Plano de Ação um lugar de destaque para *Observações*, isto é, colocar apontamentos, considerações do percurso em ação que possam merecer maior atenção em outros momentos.

Assim um coordenador de fundamental II estruturou seu quadro orientador para sistematizar seu Plano de Ação:

Quadro situacional	Metas e objetivos	Ações	Cronograma	Observações
Projeto Político-Pedagógico				
Levantamento de dados da equipe				
Relações interpessoais e formação de grupo de trabalho				
Comunicação: interna e com as famílias				
Currículo/áreas de atuação dos professores				
Formação em serviço				

Avaliação de resultados a partir das ações formadoras implementadas pela coordenação: o Plano de Ação tem como objetivo articular esforços e concretizar propostas. Fornece elementos para se comparar "o antes" e "o depois" e estabelecer indicadores de resultados. A partir desse instrumento: Plano de Ação, o coordenador poderá confrontar a coerência entre o que se projetou e o que se conquistou, ao avaliar as metas, os objetivos e as intervenções delimitadas nesse documento e identificar o alcance das ações propostas, as lacunas, os equívocos e o surgimento de outras necessidades deflagradas no percurso que está sendo vivido. Esse processo de avaliação possibilita realizar adequações, ajustes e inovações na gestão de sua rotina de trabalho. Permite ao coordenador identificar novas prioridades no desenvolvimento de sua ação formadora.

À guisa de conclusão

Como modalidade de planejamento, o Plano de Ação mapeia a realidade a ser intencionalmente trabalhada, explicita as ações e os encaminhamentos a partir das hipóteses levantadas e, por se tratar de fonte documental, possibilita uma visão apurada da atuação do coordenador e da forma como trabalhou com as questões pertinentes a cada uma das dimensões anteriormente sugeridas.

A implementação desse Plano auxilia a condução de um propósito, ou seja, ir, de forma intencional e deliberada, em busca de uma decisão ou resolução. Nesse movimento, amplia o campo de análise e de interlocução, permite a identificação do que fragiliza e do que fortalece no processo de participação grupal e consolida parcerias no enfrentamento das dúvidas, das dificuldades e das conquistas.

> [...] o planejamento e os movimentos de formação dos professores para uma melhor prática docente precisam ser equacionados pelo(a) coordenador(a) pedagógico-educacional mediante a construção de uma interlocução participada, de uma ampliação da comunicação entre os educadores da unidade escolar, enfrentando juntos — solidária e confiantemente — tanto o caminho das dificuldades e dos obstáculos como o das descobertas e da construção de respostas aos desafios da prática cotidiana, sejam eles da ordem da ciência e do conhecimento, sejam eles da ordem das relações e dos afetos (PLACCO 2003, p. 53).

Quando valorizado, validado e socializado como um importante instrumento metodológico, o Plano de Ação pode potencializar processos de reflexão sobre as ações formativas, dando visibilidade para os encaminhamentos e transformações das intenções em ações. Auxilia na construção do processo de avaliação de desempenho do trabalho.

Atribuir valor e ressignificar continuamente os documentos produzidos na escola colocando-os a serviço da reflexão, da organização e da sistematização do trabalho pedagógico constitui um papel importante do coordenador pedagógico-educacional.

Com o Plano de Ação definido, é importante refletir sobre algumas questões que devem estar presentes a cada etapa da elaboração e da execução desse plano de trabalho:

- *Quais os valores e os princípios que orientam suas ações?*
- *Qual a visão de educação, de ensino-aprendizagem e de aluno contida no plano?*
- *Quais compromissos sociais, culturais e políticos o plano contempla?*
- *Com que tipo de parceiros o plano pretende atuar?*
- *Qual a relação que pode ser estabelecida entre seu plano, as diretrizes e os valores definidos pela instituição em que você trabalha?*

Referências bibliográficas

ANDRÉ, Marli. O cotidiano escolar, um campo de estudo. In: PLACCO, Vera M. N. S. S., ALMEIDA, Laurinda R. (Org.). *O coordenador pedagógico e o cotidiano da escola*. São Paulo, Loyola, 2003.

BORGES, Cecília Maria Ferreira. *O professor da educação básica e seus saberes profissionais*. Araraquara, JM Editora, 2004.

CARVALHO, Angelina, DIOGO, Fernando. *Projeto educativo*. Porto, Afrontamento, 1994.

IMBERNÓN, Francisco. *Formação docente profissional*: formar-se para a mudança e a incerteza. São Paulo, Cortez, 2000.

LOPES, Lucia Leite Ribeiro Prado. *Machado de A a Z*: um dicionário de citações. São Paulo, Editora 34, 2001.

MACHADO DE ASSIS. *O programa – Outros contos*, 2001.

MACHADO, Nilson José. *Educação e autoridade*: responsabilidade, limites, tolerância. Petrópolis, Vozes, 2008.

PADILHA, Paulo Roberto. *Planejamento dialógico como construção do projeto político pedagógico da escola*. São Paulo, Cortez/Instituto Paulo Freire, 2002 (Guia da Escola Cidadã, v. 7).

PLACCO, Vera Maria Nigro de Souza, ALMEIDA, Laurinda Ramalho de (Org.). *O coordenador pedagógico e o cotidiano da escola*. São Paulo, Loyola, 2003.

A observação de aulas como estratégia na formação continuada de professores

Priscila de Giovani[1]
priscilagiovani@uol.com.br

Silvana Ap. Santana Tamassia[2]
silvanatamassia@yahoo.com.br

Introdução

Muito se tem discutido atualmente sobre a formação dos professores, mais especificamente sobre a formação continuada em serviço. Esse interesse se justifica pelo fato de cada vez mais os professores saírem das licenciaturas sentindo-se despreparados para atuar em sala de aula.

Os cursos de graduação, de modo geral, não têm preparado os futuros professores para atuar em sala de aula, subsidiando-os para a prática. Na maioria das vezes o professor sai da faculdade e vai direto para a sala de aula, sem saber como trabalhar com a diversidade que encontramos atualmente na escola pública e como aplicar todas as teorias estudadas na graduação.

---

1. Mestre em Educação: Currículo pela PUC-SP, professora em curso de Pedagogia e na rede pública municipal de Santo André, formadora da Fundação Lemann.

2. Mestre em Educação: Currículo pela PUC-SP, professora em curso de Pedagogia e na rede pública municipal de Santo André, coordenadora pedagógica de programas de formação de professores e gestores da Fundação Lemann.

Com base em sua pesquisa de mestrado, Tamassia (2011) destaca o papel da coordenação pedagógica como elemento fundamental para esse movimento de formação continuada na escola. Para isso, diferentes estratégias formativas precisam ser utilizadas, entre elas a observação de aulas. A observação de aulas, principalmente, ainda é pouco praticada devido às dificuldades de compartilhar o espaço da sala de aula com o professor, que por vezes se sente "invadido" em seu fazer pedagógico.

Dentro da rotina de coordenação, é importante organizar uma agenda de acompanhamento do professor em sala de aula de modo a estar presente como observadora dessa prática, podendo contribuir, por meio de *feedbacks*, para sua qualificação.

Essas observações favorecem não só o acompanhamento e uma orientação mais próxima para os profissionais que apresentam dificuldades na organização do trabalho pedagógico com os alunos, mas também a possibilidade de encontrar boas práticas que podem e devem ser compartilhadas com outros professores da escola.

Desse modo, a coordenação pedagógica contribui para que as aprendizagens profissionais aconteçam na troca entre os pares e na experiência vivida, o que é corroborado por Mizukami (2006): "Nesse contexto, torna-se igualmente importante a presença, na escola, de um profissional que possa observar os professores quando experimentam novas práticas, oferecendo sugestões e comentários não avaliativos" (p. 72).

Esse papel de formador, entretanto, nem sempre se dá apenas pelo coordenador pedagógico. Assim, a intenção desta pesquisa é apresentar o trabalho desenvolvido no Programa de formação de professores — Técnicas Didáticas — promovido pela Fundação Lemann no ano de 2012, e que tem desenvolvido a formação continuada em serviço de 350 professores de duas redes municipais do interior de São Paulo e de três escolas da rede estadual na grande São Paulo, e sua contribuição por meio da observação de aulas desenvolvida pelas formadoras do Programa.

Para atender a esse grupo de professores tanto nos encontros presenciais como no acompanhamento *in loco*, o Programa contou com um grupo de dezesseis formadoras.

O Programa contém cinco módulos de encontros presenciais, sendo um deles sobre observação de aula, registro e *feedback*, além de contar com a metodologia de observação de aula pelas próprias formadoras, visando a apoiar o trabalho dos professores em sala e a implantação das sugestões apresentadas no curso.

A falta de clareza sobre os benefícios do uso dessa estratégia e seu valor no processo formativo da equipe docente fica evidente também nos comentários dos professores, que demonstram "medo" de abrir a sua sala, temendo ser vigiados ou sofrer pressões decorrentes dessas observações, como podemos comprovar no relato de uma professora em uma das redes onde a formação foi realizada em 2012:

> Eu fico nervosa, mesmo tendo preparado a aula antes, dá um certo nervosismo. Acho que é uma insegurança, porque não sabemos o que a pessoa vai pensar quando olha. Não sabemos o que vai acontecer. Às vezes preparamos uma coisa e eles superam. Em outras é simples e não temos o resultado esperado (prof. E. P.).

Assim, fica clara a necessidade de uma reflexão mais aprofundada na busca de elementos que possam validar essa prática e, ao mesmo tempo, desmitificá-la diante dos professores, a fim de que seja referência para aqueles que buscam exercer o papel de formadores na escola, preocupando-se com a mobilização do conhecimento dos professores em prol da aprendizagem dos alunos.

O objetivo dessa ferramenta de formação é analisar as interações que são construídas entre o professor, os estudantes e os conteúdos trabalhados, além de observar as estratégias metodológicas utilizadas pelo professor durante a aula.

A observação de aulas como estratégia para a formação continuada de professores

Tem sido desafiador planejar estratégias significativas para formar os professores em serviço, tendo como principal objetivo a reflexão da prática docente. Uma das maiores dificuldades encontradas pelos formadores de professores está em concatenar os resultados das pesquisas teóricas com ações de formação na escola.

Garcia (1999) propõe como um dos princípios de formação a necessidade de integração teoria-prática, afirmando que tanto a formação inicial como a permanente devem levar em conta a reflexão sobre a prática.

A reflexão da prática não pode se desvincular do processo contínuo de formação de professores. Em suas pesquisas, Schön (1998) realiza uma crítica ao ensino tradicional e propõe uma concepção de formação de professores baseada em uma epistemologia da prática, ou seja, em reflexão, análise e investigação. Destaca noções fundamentais para relacionar a teoria e a prática, e justifica a importância de não apenas refletir sobre a ação, mas "refletir sobre a reflexão na ação" (p. 32), para interpretá-la, e planejar soluções possíveis de ressignificação.

O currículo de formação de profissionais deve prever como esses autores confirmam o desenvolvimento da capacidade de reflexão. Tomar a prática existente para interpretá-la mostra-se um bom caminho para trazer o ensino como objeto de conhecimento. Nesse contexto, a observação de sala de aula, como uma estratégia de formação, pode ser uma das formas de levar o professor a uma reflexão de sua prática e a buscar novas possibilidades de intervenções para a melhoria do ensino.

Inserir essa estratégia de formação nos currículos previstos para esse fim não é uma tarefa fácil, pois está enraizada culturalmente a ideia de que se observa para supervisionar. Por muito tempo as práticas de observação vivenciadas no interior das salas de aula eram vistas, na história da formação de professores, como um momento de fiscalização e distante do objetivo da reflexão como um componente do processo de formação. Para que essa prática se constitua como uma estratégia formativa, deve estar a serviço do acompanhamento e da formação do professor no espaço escolar. Segundo Scarpa (1998), a observação em sala de aula é uma estratégia importante, pois fornece dados para a intervenção junto às professoras em seu processo formativo, já que foge do discurso falado ou escrito e foca essencialmente na prática vivenciada, envolvendo interações, atitudes, valores, objetivos e intervenções.

Essa modalidade, segundo a autora, também mostra relevância para a formação do formador, pois está envolvida nesse processo a maneira de realizar essa observação para subsidiar o professor com elementos de análise e reflexão sobre sua prática.

Para Weisz (2002), essa prática é importante porque, em geral, o professor está sempre tão envolvido em sua ação que às vezes não consegue enxergar o que salta aos olhos de um observador externo.

A observação seria uma ótima estratégia também para perceber as lacunas na formação inicial e as necessidades formativas de seu grupo de professores, podendo planejar os horários de trabalho coletivo de forma mais eficiente e com foco na realidade em que está inserido.

Para isso, é preciso aprender a "olhar". Muitas vezes, a mesma situação é vista de diferentes maneiras por diferentes pessoas, dependendo de seu ponto de vista e de seu interesse de observação.

Freire (1996) discute a questão da observação levando-se em conta alguns cuidados que podem garantir que o outro não se sinta invadido. O planejamento e o *feedback* dessa observação são alguns desses pontos, que aqui também abordaremos.

É preciso educar o olhar para sair de si e ver o outro sem julgamento e, principalmente, com objetividade, buscando entender o que está por trás de cada ação e o que poderia ser melhorado. Assim, podemos dizer que observar não é vigiar, mas estar atento àquilo que precisa ser desvelado ou, ainda, àquilo que pode e deve ser valorizado.

Dalcorso e Allan (2010) deixam isso claro quando apontam que é preciso definir de maneira clara o papel do observador na sala de aula. O observador deve encontrar um foco bem específico, observar o fluxo de informações, com o cuidado de não o influenciar ou tornar-se cúmplice dos fatos observados. Ou seja, o interesse do observador deve ser observar um evento e registrar de forma objetiva o que realmente ocorreu no momento da observação, sem colocar aí sua subjetividade, inserindo juízo de valor.

É muito importante esse cuidado para não inferir o que não está visível a todos. Os registros de observação devem conter exclusivamente aquilo que é possível ser observado e não aquilo que se imagina. Como o que vemos é apenas um recorte da aula, é importante que ele possa conversar com o professor e esclarecer aquilo que pode causar dúvidas sobre o procedimento adotado naquele momento.

Sendo assim, a equipe de coordenação precisa se planejar antes de ir para a sala de aula. Esse planejamento precisa ser compartilhado com o professor para que ele também se prepare para esse momento. É preciso, em primeiro lugar, definir qual será esse foco, conhecendo previamente os objetivos, o conteúdo e as etapas do planejamento da aula e definindo um roteiro de observação.

Esse roteiro vai contribuir muito para que professores e coordenação se planejem para esse momento, tornando-o mais produtivo, instaurando, assim, um clima positivo e uma parceria que contribua para essa troca.

Scarpa (1998) também enfatiza a importância de um protocolo de observação que possa ser utilizado como roteiro para esse momento.

Diferentes modelos podem ser propostos para isso, porém o mais adequado é que a própria equipe de formação (ou o coordenador pedagógico na escola) possa desenvolver um roteiro que ajude a educar o olhar e, principalmente, a definir o que se pretende com essa ação.

Ao elaborá-lo, deve-se ficar atento para alguns pontos: a organização do ambiente onde ocorrerá a ação pedagógica, que poderá ser a sala de aula ou outro; a apresentação da proposta da aula feita pelo professor, de forma que desperte o interesse dos alunos; a atitude dos alunos diante da proposta apresentada; as atividades desenvolvidas; o tempo gasto com cada uma delas; a forma como os alunos a desenvolveram e o desfecho da aula. Tudo isso a fim de criar um clima propício para que o processo de ensino e aprendizagem aconteça.

Apesar de todo esse planejamento para que a observação aconteça, a parte mais importante ainda está por vir: *o feedback*. Essa é uma das etapas mais importantes nesse processo, pois é nesse momento que o formador/coordenador vai aproximar os conteúdos das formações com as ações pedagógicas desenvolvidas em sala de aula, cumprindo, ao lado dos professores, seu papel de parceiro mais experiente, que poderá contribuir para a reflexão da prática e as mudanças necessárias (TAMASSIA 2011).

Esse *feedback* deve ser feito por escrito, servindo como um registro dessa interlocução e do percurso do grupo com relação a essa prática. O ideal é que além desse registro escrito haja também um momento de *feedback* individual, em que professores e coordenação possam trocar ideias sobre o que foi observado e o que está sendo proposto, de acordo com a organização da escola.

Para Ednir et al. (2006) esse movimento é resultado da colaboração profissional e da confiança mútua entre docentes e equipe gestora. Para ela, o *feedback* é uma espécie de alimento do profissional que busca seu crescimento.

É muito importante que esse *feedback* ocorra, no máximo, dentro de uma semana, caso contrário poderá perder seu impacto e a importância sobre aquele momento observado.

Observação de sala de aula no Programa Técnicas Didáticas

No Programa de Formação de Professores Técnicas Didáticas, a prática de observação de sala de aula, defendida como estratégia formativa, não tinha apenas a ideia de ver, ouvir e descrever o que estava acontecendo. A premissa da observação de sala de aula propunha a construção de observáveis para compreender o que estava implícito nas ações do professor, incluindo a reflexão, a discussão e a argumentação.

No início do processo houve muitos preconceitos em relação a essa modalidade de formação de professores, como já dito anteriormente, construída culturalmente como fiscalização e supervisão. No entanto, o primeiro passo para a mudança de concepção foi o estabelecimento da parceria formador e professor tanto por meio de *feedbacks* dos planejamentos enviados, já que era uma prática da formação dentro dos módulos, quanto por diálogos construídos nas idas às escolas para discussão sobre a aplicação dos conteúdos aprendidos nos módulos.

> A conquista desta parceria foi gradual e a segurança dos professores é conquistada pela confiança no formador, por sua disponibilidade e pela conscientização de que não vamos vigiar e punir, mas con-

tribuir para um desempenho melhor na busca de uma educação de excelência (formadora M. P.).

A partir da criação do vínculo de parceria e do respeito estabelecido às práticas dos professores, alguns cuidados foram abordados antes, durante e depois da observação, seguindo a mesma metodologia apresentada nos encontros de formação presenciais. São eles:

- Os professores entregavam o planejamento, com as técnicas aprendidas nas formações presenciais, e o formador escrevia o *feedback* apontando questões para o professor acrescentar quando necessário e validando as práticas planejadas. Combinava dia e hora para acompanhar a aplicação da técnica.
- Consciente da técnica que acompanharia, construía observáveis[3] sobre ela e compartilhava com os professores, para deixar explícito o que observaria.
- Apesar de o foco ser mantido na aplicação das técnicas, a observação também se constitui a partir dos conhecimentos que os formadores possuem sobre a educação; assim, esse conhecimento favorecia a reflexão do professor com problematizações e construção de novas hipóteses no momento do *feedback*.
- O momento do *feedback* do professor, na maioria das vezes, já acontecia posteriormente à aula e depois era entregue aos professores por escrito. Para isso, apresentava-se uma planilha com os observáveis e as problematizações e sugestões do formador para que o professor, de forma autônoma, também se tornasse observador de sua própria prática.

Para o formador, essas observações se transformavam em análise para a construção de novas ações de formação na escola e composição nos módulos presenciais. Com os *feedbacks*, os professores começaram a perceber seus formadores como parceiros experientes

---

3. Como o foco dessas observações eram as técnicas estudadas no livro, foram criados protocolos de observação para cada uma delas, os quais eram compartilhados previamente com os professores e utilizados no registro durante a observação e para o *feedback*.

que poderiam contribuir com sua reflexão da prática docente. Alguns depoimentos registram esse momento de observação de sala de aula como uma importante modalidade de formação:

> Foi uma vivência muito enriquecedora por desfazer a ideia de que era ruim ter uma pessoa observando nossa aula; entendi que ter uma pessoa que olhe de fora é bom para nosso aprendizado e para melhorar nosso trabalho (prof. A. M.).

Análise de dados

Para refletir sobre o impacto da observação de aulas durante o desenvolvimento do Programa, foram utilizados alguns instrumentos de coleta de dados importantes para essa análise.

No início do curso, os gestores das escolas envolvidas foram convidados a responder a um questionário inicial; nele havia questões relativas à observação de aulas que também foram mantidas no questionário final, possibilitando uma comparação, como podemos ver no gráfico a seguir:

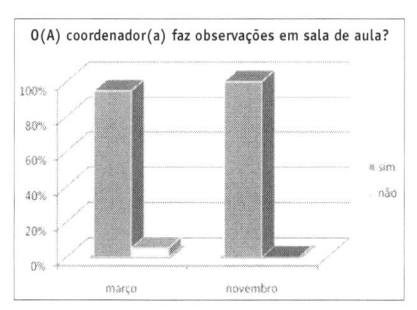

Dos gestores que responderam ao questionário inicial, 5% apontaram que em suas escolas não havia a observação de aulas como prática sistematizada. Como podemos notar, o questionário final indica que essa prática foi mantida e ampliada para todas as escolas, embora metade delas ainda não faça isso com tanta regularidade (apenas uma vez por mês).

Com relação ao *feedback*, podemos ver um avanço ainda maior, pois, dos gestores que responderam ao questionário inicial, 22% indicaram que, apesar de fazerem a observação das aulas, ainda não tinham a prática do *feedback* como uma ação sistematizada. Entretanto, os números finais mostram um maior planejamento dessa ação, já que todos eles afirmaram oferecer *feedback* aos professores após a observação das aulas.

Ao ser questionados sobre mudanças na prática de observação das aulas, 65% deles afirmaram ter qualificado essa ação ao longo do curso, sendo a mudança mais significativa com relação ao foco de observação, já que muitos afirmaram que ao ir para a sala de aula não tinham um planejamento definido do que fazer e acabavam não sabendo exatamente o que observar e, consequentemente, que retorno dar ao professor.

Dentro do Programa, o tema do módulo 2 foi justamente a observação de aulas e o registro; além disso, os gestores[4] tiveram encontros de formação após cada módulo, em que os temas foram aprofundados, levando-se em conta o ponto de vista de quem está nesta função. Nesses encontros foi enfatizada a necessidade de estabelecer um foco para o momento da observação, planejando exatamente o que seria observado na aula, aspecto que ficou muito marcado nos relatos dos gestores, conforme destacamos a seguir:

> Antes eu observava sem ter um foco, tentava observar quase tudo que podia, quase ficava louca e quando ia dar o *feedback* ficava perdidinha. Agora não, primeiro planejo o que vou observar, aviso o professor e quando realizo o *feedback* primeiramente vejo os pontos positivos e depois converso com ele o que pode estar melhorando (coordenadora L.).

Apesar de as coordenadoras terem intensificado a ação de observação em sala, os professores apontaram no questionário final que 40% não foram observados nos dois meses anteriores à pesquisa,

---

4. Nesses encontros houve a presença da maioria dos coordenadores pedagógicos e de alguns diretores.

mostrando que há necessidade de o coordenador inserir em sua rotina uma ação permanente de observação, já que consideram ser um instrumento para o crescimento profissional dos professores, de acordo com as discussões realizadas nos encontros de formação com a equipe gestora.

Voltando nossa reflexão para as formadoras, vale ressaltar que a presença delas em sala de aula foi uma premissa do Programa, mas respeitou-se o tempo de cada professor para aceitar essa parceria. Ao longo do ano, do total de professoras que participaram do curso, 40% tiveram suas aulas observadas — embora as demais professoras tenham tido o acompanhamento das formadoras, realizando *feedbacks* com relação às tarefas cumpridas.

Refletindo sobre os impactos da observação de sala de aula do ponto de vista das formadoras, alguns relatos mostram que durante os meses de efetivação do Programa o fato de terem observado e realizado o *feedback* contribuiu para o processo de autoformação. No início, demonstraram-se inseguras, com dúvidas sobre como efetivariam a parceria, mas com o passar dos meses de observações qualificaram seus *feedbacks* e suas intervenções com as professoras observadas.

Outro aspecto destacado pelos formadores foi como o processo de observação teve início, respeitando a vontade dos professores e ganhando confiança, para desvincular a ideia de que a observação de sala de aula estava a serviço de supervisão, no sentido de serem "vigiadas". No decorrer do processo, perceberam quanto essa prática auxilia o professor a repensar suas intervenções com os alunos. O relato de uma das formadoras confirma essa dificuldade inicial e como se deu esse processo:

> No início senti que algumas professoras ficavam inseguras com a ideia de serem observadas, e pediam para eu observar a aula de outras professoras antes. Talvez para que pudessem conhecer melhor o funcionamento da observação e das devolutivas, a partir da experiência de suas colegas de trabalho. Depois que foram observadas pela primeira vez, algumas professoras diziam que ficaram aliviadas, e que eu poderia voltar mais vezes (formadora R. C.).

Conquistar os professores e deixá-los seguros no momento da observação foi um aspecto essencial para o sucesso dessa prática. Nos relatos, apontaram algumas ações que contribuíram para a efetivação dessa parceria: o uso do *feedback* e o planejamento antecipado da observação de aula, assim como apresentam os relatos a seguir.

> Confesso que é impossível olhar algo que nos causa estranheza e não fazer uma pequena anotação ou uma reflexão de como talvez "eu" me sairia de uma determinada situação ou como "eu" desenvolveria determinada ação. O protocolo de observação é a grande diferença entre observar uma aula e observar uma aula com objetivos bem definidos, tendo em vista um plano de formação de professores (formadora E. B.).
>
> O fato de antecipar minha ida à escola e combinar o que seria observado foi um diferencial para conquistar a confiança dos professores e mostrar o quanto a prática de observação de aula pode ajudá-los a refletir sobre suas intervenções (formadora P. G.).

Com a inserção da prática de observação de sala de aula pelo Programa Técnicas Didáticas, é possível perceber no relato das professoras a mudança da concepção dessa prática como um momento essencial para reflexão sobre a ação pedagógica. Confirma isso o relato a seguir:

> É importante termos a opinião de outra pessoa sobre aquilo que estamos desenvolvendo, para que isso venha acrescentar na nossa prática. Para mim as observações somaram muito no meu desempenho como professora, não foram apenas críticas, mas sim orientações que me ajudaram e continuam enriquecendo minhas aulas no dia a dia (prof. R. C.).

Os professores também destacaram que só perceberam quanto essa prática traria benefícios após as primeiras observações. Com os *feedbacks* imediatos e o uso do protocolo de observação, a insegurança inicial foi substituída pelo desejo de crescimento profissional, como podemos ver sob o olhar de uma das professoras:

> *Antes* mesmo de aplicar as aulas, a formadora foi muito solícita e presente e esteve disponível para sanar dúvidas e orientar quanto às técnicas a ser utilizadas.
> *Durante* sua observação, por vezes também passei a observá-la e percebia em seu semblante quando eu estava no caminho correto e atendia às expectativas.
> *Após* as aulas, ouvia seu comentário (com muito profissionalismo) e alguma dica provável que poderia ser incluída numa próxima aula. Em suas devolutivas, escrevia pontos positivos da aula e sugeria outras técnicas que foram melhorando minha aula. Portanto, devo assinalar que sua presença também contribuiu para o meu aprimoramento em sala de aula (prof. C. C.).

Os professores, assim como os formadores, demonstram que o fato de saber quando seriam observados foi um aspecto importante para se sentirem seguros nesse processo.

Os seguintes relatos contam como as estratégias realizadas para observação foram relevantes.

> Sobre as devolutivas penso que foi muito interessante o modo como a formadora avaliou a minha aula, achei muito elucidativa a tabela de avaliação por tratar claramente de cada tópico (prof. A. P.).
> Eu senti um misto de insegurança, mas, ao mesmo tempo, uma vontade de fazer o melhor. De mostrar a minha capacidade. Depois, fiquei na expectativa do *feedback*, o qual achei muito enriquecedor e me mostrou detalhes que eu jamais teria percebido na minha aula. Enfim, foi gratificante (prof. J. B. M.).

Os dados aqui apresentados, com base na pesquisa realizada com os participantes do programa, confirmam quanto a observação de sala de aula pode ser ressignificada, sendo uma importante estratégia formativa para repensar a prática pedagógica dos professores.

Considerações finais

A reflexão proposta neste artigo reforça a importância de pensar nos três momentos da observação já citados neste texto, que fazem parte da metodologia utilizada no Programa e estão em consonância com Reis (2011):

- Antes — definir um foco de observação, agendar com o professor a data da visita e alinhar com ele os conceitos sobre o que será observado, a fim de que ambos tenham o mesmo enfoque.
- Durante — fazer uso de um registro que ajude a organizar o que está sendo observado (pode ser um protocolo criado previamente ou um registro esquemático).
- Depois — agendar um momento para dar o *feedback* ao professor, tanto por escrito quanto presencialmente — sempre que possível —, apresentando a ele os pontos observados, de acordo com o que foi acordado previamente e sugerindo possíveis ações ou alterações para a aula seguinte.

O Programa Técnicas Didáticas, ao inserir a metodologia da observação de sala de aula como uma estratégia de formação, trouxe reflexões importantes: para os professores, no sentido de compreender a contribuição desta para sua prática, e para os gestores, na qualificação desse instrumento, planejando e sistematizando essa ação.

Retomando os autores aqui apresentados, podemos confirmar que essa metodologia pode contribuir para o processo de formação continuada na escola, possibilitando que o formador/gestor tenha um olhar individualizado para cada professor, podendo atendê-lo em sua necessidade formativa e, consequentemente, ampliando a qualidade de seu trabalho com o aluno, foco maior de todo esse processo.

Referências bibliográficas

DALCORSO, C. Z., ALLAN, L. M. *Guia de implementação para a equipe gestora*: como fazer observação em sala de aula e elaborar *feedback*. São Paulo, British Council/Instituto Crescer para a Cidadania, 2010.

EDNIR, M. et al. *Mestres da mudança*: liderar escolas com a cabeça e o coração. Porto Alegre, Artmed, 2006.

FREIRE, M. *Observação, registro, reflexão*: instrumentos metodológicos I. 2. ed. São Paulo, Espaço Pedagógico, 1996 (Série Seminários).

GARCÍA, C. M. *Formação de professores*: para uma mudança educativa. Porto, Porto Editora, 1999.

MIZUKAMI, M. G. N. et al. *Escola e aprendizagem da docência*: processos de investigação e formação. São Carlos, EdUFSCar, 2006.

REIS, P. *Observação de aulas e avaliação docente*. Lisboa, Ministério da Educação, Conselho Científico para Avaliação de Professores, 2011.

SCARPA, R. *Era assim, agora não*: concepção, princípios e estratégias do projeto de formação. São Paulo, Casa do Psicólogo, 1998.

SCHÖN, D. A. *Educando o profissional reflexivo*: um novo *design* para o ensino e a aprendizagem. Porto Alegre, Artmed, 1998.

TAMASSIA, S. A. S. *Ação da coordenação pedagógica na formação continuada dos professores no ensino fundamental I*: desafios e possibilidades. Dissertação (Mestrado). São Paulo, Pontifícia Universidade Católica, 2011.

WEISZ, T. *O diálogo entre o ensino e a aprendizagem*. São Paulo, Ática, 2002.

Edições Loyola

editoração impressão acabamento
rua 1822 n° 341
04216-000 são paulo sp
T 55 11 3385 8500/8501 • 2063 4275
www.loyola.com.br